公務員試験
国家一般職・地方上級レベル対応
新装第2版
9
70
去
問
JN026231

TAC出版
TAC PUBLISHING Group

● はじめに ●

目指す場所に必ずたどり着きたい方のために――
『出るとこ過去問』は、超実践的〝要点整理集＋過去問集〟です。

「公務員試験に合格したい」

この本を手にされた方は、きっと心からそう願っていると思います。

公務員試験に合格することは、けっして容易なものではありません。勉強すべき科目は多く、参考書は分厚い。合格に必要な勉強時間はおおよそ1500～2000時間といわれており、準備に半年～1年かける方が大半でしょう。覚悟を決め、必死で取り組まなければなりません。

たとえ予備校に通っていても、カリキュラムをひたすらこなすだけでせいいっぱいという方もいるでしょう。独学の場合はなおさら、スケジュールどおりに勉強を進めていくには、相当な自制心が必要です。試験の日程が近づいているにもかかわらず、「まだ手をつけていない科目がこんなにある」と落ち込んでしまう方もいるかもしれません。

そんな時こそ、本書の出番です。この『出るとこ過去問』は、公務員試験合格のための超実践的〝要点整理集＋過去問集〟です。絶対に合格を勝ち取りたい方が最後に頼る存在になるべく作られました。

おさえるべき要点はきちんと整理して理解する。解けるべき過去問はきちんと解けるようにしておく。それが公務員試験で合格するためには必須です。**本書は、合格のために〝絶対理解しておかなければならない要点〟の簡潔なまとめと、これまで公務員試験の中で〝何度も出題されてきた過去問〟だけを掲載しています。**だからこそ、超実践的なのです。

たくさんの時間を使い、たくさん勉強してきたけれど、まだ完全に消化しきれていない科目がある。そんな方にとって、本書は道を照らす最後の明かりです。**本書のPOINT整理やPointCheckを頼りに重要事項を整理して理解し、過去問が解けるところまでいけば、合格はもうすぐです。**

いろいろと参考書を手にしてみたものの、どれもしっくりとせず、試験の日程ばかりが迫ってきている。そんな方にとって、本書は頼もしい最後の武器です。**本書をぎりぎりまで何度も繰り返し勉強することで、合格レベルまで底上げが可能となります。**

道がどんなに険しくても、そこに行き先を照らす明かりがあれば、効果的な武器があれば、目指す場所に必ずたどり着くことができます。

みなさんが輝かしい未来を勝ち取るために、本書がお役に立てれば幸いです。

2020年3月　TAC出版編集部

● 本書のコンセプトと活用法 ●

本書のコンセプト

1. 過去問の洗い直しをし、得点力になる問題だけを厳選

その年度だけ出題された難問・奇問は省く一方、近年の傾向に合わせた過去問の類題・改題はしっかり掲載しています。本書で得点力になる問題を把握しましょう。

<出題形式について>
旧国家Ⅱ種・裁判所事務官の出題内容も、国家一般・裁判所職員に含め表記しています。また、地方上級レベルの問題は地方上級と表示しています。

2. 基本問題のLevel 1、発展問題のLevel 2のレベルアップ構成

Level 1の基本問題は、これまでの公務員試験でたびたび出題されてきた問題です。何回か繰り返して解くことをおすすめします。科目学習の優先順位が低い人でも、最低限ここまではきちんとマスターしておくことが重要です。さらに得点力をアップしたい方はLevel 2の発展問題へ進みましょう。

3. POINT整理と見開き２ページ完結の問題演習

各章の冒頭の**POINT整理**では、その章の全体像がつかめるように内容をまとめています。全体の把握、知識の確認・整理に活用しましょう。この内容は、Level 1、Level 2の両方に対応しています。また、**Q&A**形式の問題演習では、問題、解答解説および、その問題に対応する**PointCheck**を見開きで掲載しています。重要ポイントの理解を深めましょう。

● 基本的な学習の進め方

どんな勉強にもいえる、学習に必要な4つのポイントは次のとおりです。本書は、この①～④のポイントに沿って学習を進めていきます。

①理解する

問題を解くためには、必要な知識を得て、理解することが大切です。

②整理する

ただ知っているだけでは、必要なときに取り出して使うことができません。理解したあとは、整理して自分のものにする必要があります。

③暗記する　④演習する

問題に行き詰まったときは、その原因がどこにあるのか、上記①～④をふりかえって考え、対処しましょう。

本書の活用法

1. POINT整理で全体像をつかむ

POINT整理を読み、わからないところがあれば、各問題の**PointCheck**および解説を参照して疑問点をつぶしておきましょう。関連する**Q&A**のリンクも掲載しています。

2. Level 1・Level 2のQ&Aに取り組む

ここからは自分にあった学習スタイルを選びましょう。苦手な論点は、繰り返し問題を解いて何度も確認をすることで自然と力がついてきます。

Level 2の**Level up Point!** は得点力をつけるアドバイスです。当該テーマの出題傾向や、問題文の目のつけどころ、今後の学習の指針などを簡潔にまとめています。

●本書を繰り返し解き、力をつけたら、本試験形式の問題集にも取り組んでみましょう。公務員試験では、問題の時間配分も重要なポイントです。

➡ 本試験形式問題集

『本試験過去問題集』（国家一般職・国税専門官・裁判所職員ほか）

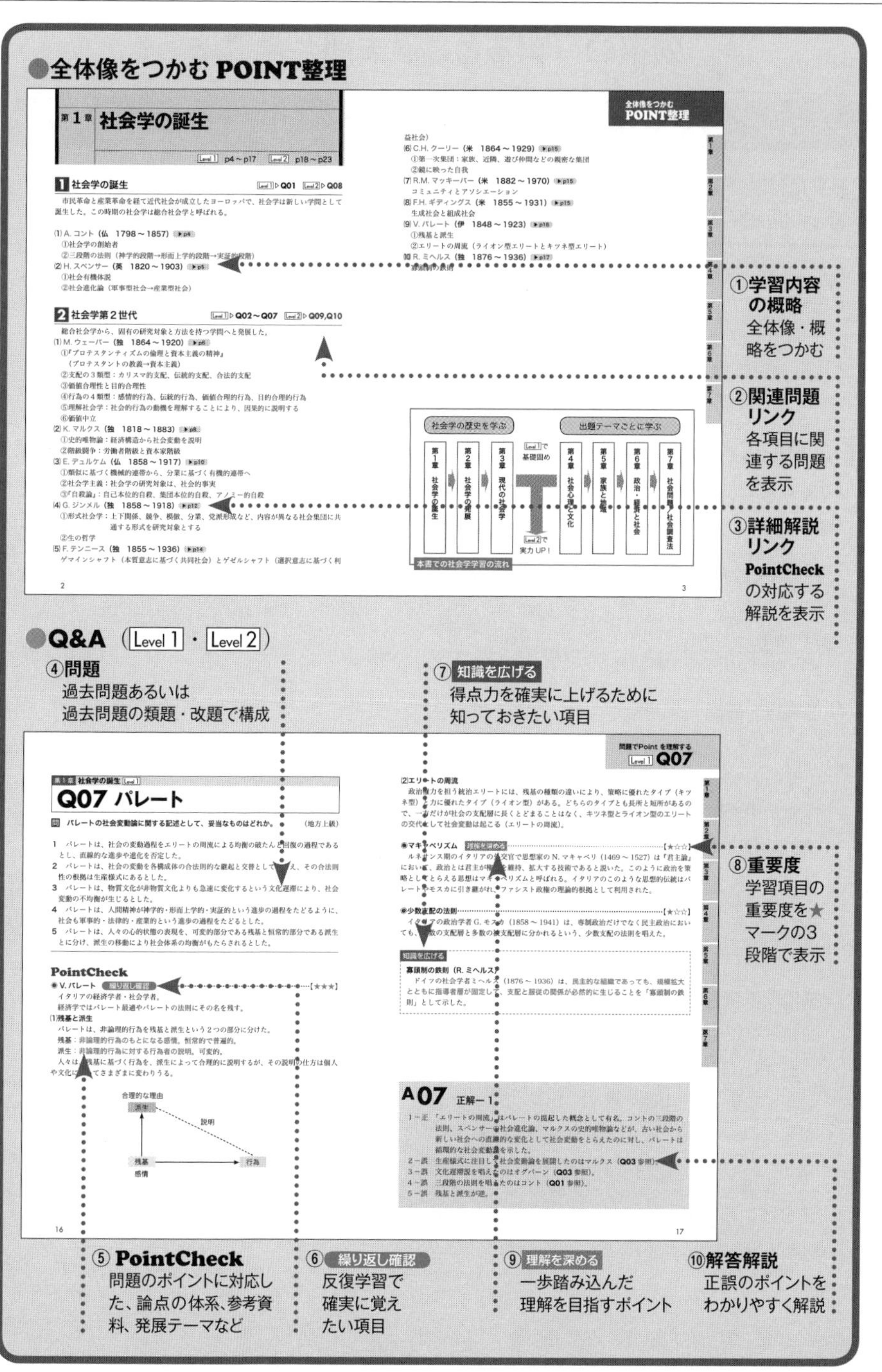

●全体像をつかむ POINT整理

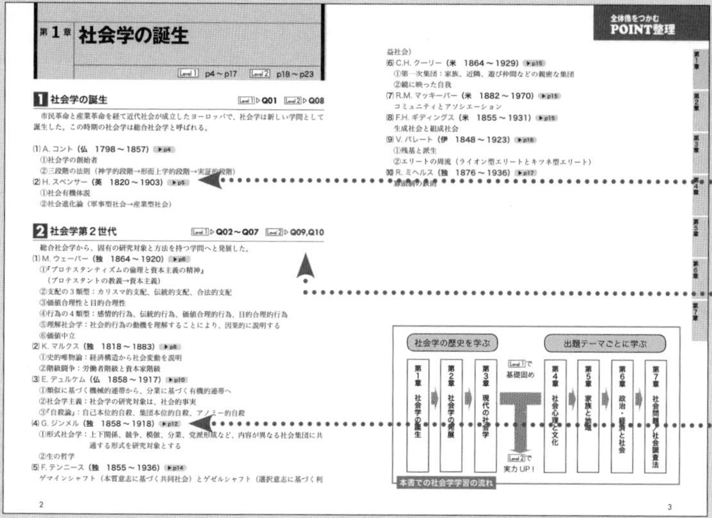

全体像をつかむ POINT整理

第1章 社会学の誕生

Level 1 p4～p17　Level 2 p18～p23

1 社会学の誕生　Level 1 ▷Q01　Level 2 ▷Q08

市民革命と産業革命を経て近代社会が成立したヨーロッパで、社会学は新しい学問として誕生した。この時期の社会学は総合社会学と呼ばれる。

(1) A. コント（仏 1798～1857）▶p4
①社会学の創始者
②三段階の法則（神学的段階→形而上学的段階→実証的段階）

(2) H. スペンサー（英 1820～1903）▶p5
①社会有機体説
②社会進化論（軍事型社会→産業型社会）

2 社会学第2世代　Level 1 ▷Q02～Q07　Level 2 ▷Q09,Q10

総合社会学から、固有の研究対象と方法を持つ学問へと発展した。

(1) M. ウェーバー（独 1864～1920）▶p6
①『プロテスタンティズムの倫理と資本主義の精神』（プロテスタントの教義→資本主義）
②支配の3類型：カリスマ的支配、伝統的支配、合法的支配
③価値合理性と目的合理性
④行為の4類型：感情的行為、伝統的行為、価値合理的行為、目的合理的行為
⑤理解社会学：社会的行為の動機を理解することにより、因果的に説明する
⑥価値中立

(2) K. マルクス（独 1818～1883）▶p8
①史的唯物論：経済構造から社会変動を説明
②階級闘争：労働者階級と資本家階級

(3) E. デュルケム（仏 1858～1917）▶p10
①類似に基づく機械的連帯から、分業に基づく有機的連帯へ
②社会学主義：社会学の研究対象は、社会的事実
③『自殺論』：自己本位的自殺、集団本位的自殺、アノミー的自殺

(4) G. ジンメル（独 1858～1918）▶p12
①形式社会学：上下関係、競争、模倣、分業、党派形成など、内容が異なる社会集団に共通する形式を研究対象とする
②生の哲学

(5) F. テンニース（独 1855～1936）▶p14
ゲマインシャフト（本質意志に基づく共同社会）とゲゼルシャフト（選択意志に基づく利益社会）

(6) C.H. クーリー（米 1864～1929）▶p15
①第一次集団：家族、近隣、遊び仲間などの親密な集団
②鏡に映った自我

(7) R.M. マッキーバー（米 1882～1970）▶p15
コミュニティとアソシエーション

(8) F.H. ギディングス（米 1855～1931）▶p15
生成社会と組成社会

(9) V. パレート（伊 1848～1923）▶p16
①残基と派生
②エリートの周流（ライオン型エリートとキツネ型エリート）

(10) R. ミヘルス（独 1876～1936）▶p17
寡頭制の鉄則

本書での社会学学習の流れ：社会学の歴史を学ぶ（第1章 社会学の誕生／第2章 社会学の発展／第3章 現代の社会学）　Level 1で基礎固め → Level 2で実力UP！　出題テーマごとに学ぶ（第4章 社会心理と文化／第5章 家族と地域／第6章 政治・経済と社会／第7章 社会問題・社会調査法）

2　3

①学習内容の概略
全体像・概略をつかむ

②関連問題リンク
各項目に関連する問題を表示

③詳細解説リンク
PointCheckの対応する解説を表示

●Q&A（Level 1・Level 2）

④問題
過去問題あるいは過去問題の類題・改題で構成

⑦ 知識を広げる
得点力を確実に上げるために知っておきたい項目

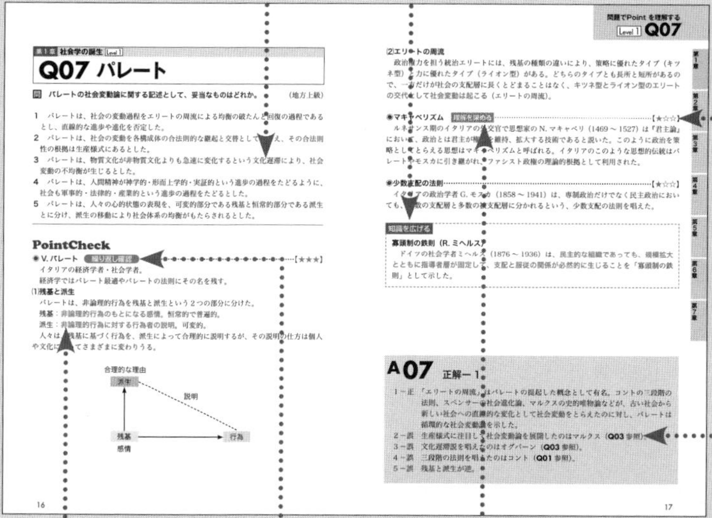

第1章 社会学の誕生 Level 1

Q07 パレート

問 パレートの社会変動論に関する記述として、妥当なものはどれか。（地方上級）

1 パレートは、社会の変動過程をエリートの周流による均衡の破たんと回復の過程であるとし、直線的な進歩や進化を否定した。
2 パレートは、社会の変動を各構成体の合法則的な継起と交替として捉え、その合法則性の根拠は生産様式にあるとした。
3 パレートは、物質文化が非物質文化よりも急速に変化するという文化遅滞により、社会変動の不均衡が生じるとした。
4 パレートは、人間精神が神学的・形而上学的・実証的という進歩の過程をたどるように、社会も軍事的・法律的・産業的という進歩の過程をたどるとした。
5 パレートは、人々の心的状態の表現を、可変的部分である残基と恒常的部分である派生とに分け、派生の移動により社会体系の均衡がもたらされるとした。

PointCheck

◉V. パレート　繰り返し確認　[★★★]
イタリアの経済学者・社会学者。
経済学ではパレート最適やパレートの法則にその名を残す。

(1)残基と派生
パレートは、非論理的行為を残基と派生という2つの部分に分けた。
残基：非論理的行為のもとになる感情。恒常的で普遍的。
派生：非論理的行為に対する行為者の説明。可変的。
人々は、残基に基づく行為を、派生によって合理的に説明するが、その説明の仕方は個人や文化によってさまざまに変わりうる。

合理的な理由　派生　説明　残基 感情　行為

(2)エリートの周流
政治権力を担う統治エリートには、残基の種類の違いにより、策略に優れたタイプ（キツネ型）と力に優れたタイプ（ライオン型）がある。どちらのタイプとも長所と短所があるので、一方だけが社会の支配層に長くとどまることはなく、キツネ型とライオン型のエリートの交代をして社会変動は起こる（エリートの周流）。

◉マキャベリズム　理解を深める　[★☆☆]
ルネサンス期のイタリアの外交官で思想家のN. マキャベリ（1469～1527）は『君主論』において、政治とは君主が権力を維持、拡大する技術であると説いた。このように政治を策略としてとらえる思想はマキャベリズムと呼ばれる。イタリアのこのような思想的伝統はパレートやモスカに引き継がれ、ファシスト政権の理論的根拠として利用された。

◉少数支配の法則　[★☆☆]
イタリアの政治学者 G. モスカ（1858～1941）は、専制政治だけでなく民主政治においても、少数の支配層と多数の被支配層に分かれるという、少数支配の法則を唱えた。

知識を広げる
寡頭制の鉄則（R. ミヘルス）
ドイツの社会学者ミヘルス（1876～1936）は、民主的な組織であっても、規模拡大とともに指導者層が固定し、支配と服従の関係が必然的に生じることを「寡頭制の鉄則」として示した。

A07 正解－1

1－正　「エリートの周流」はパレートの提起した概念として有名。コントの三段階の法則、スペンサーの社会進化論、マルクスの史的唯物論などが、古い社会から新しい社会への直線的な変化として社会変動をとらえたのに対し、パレートは循環的な社会変動論を示した。
2－誤　生産様式に注目した社会変動論を展開したのはマルクス（Q03参照）。
3－誤　文化遅滞説を唱えたのはオグバーン（Q03参照）。
4－誤　三段階の法則を唱えたのはコント（Q01参照）。
5－誤　残基と派生が逆。

16　17

⑧重要度
学習項目の重要度を★マークの3段階で表示

⑤ PointCheck
問題のポイントに対応した、論点の体系、参考資料、発展テーマなど

⑥ 繰り返し確認
反復学習で確実に覚えたい項目

⑨ 理解を深める
一歩踏み込んだ理解を目指すポイント

⑩解答解説
正誤のポイントをわかりやすく解説

● 効率的『出るとこ過去問』学習法 ●

1周目

最初は科目の骨組みをつかんで、計画どおりスムーズに学習を進めることが大切です。1周目は学習ポイントの①概要・体系の理解と、②整理の仕方を把握することが目標になります。

最初は、誰でも、「わからなくて当然」「難しくて当たり前」です。初めての内容を無理やり覚えようとしても混乱するだけで終わってしまうことがあります。頭に残るのは全体像やイメージといった形で大丈夫です。また、自力で問題を解いたり、暗記に時間をかけたりするのは効率的ではありません。問題・解説を使って整理・理解していきましょう。

1. POINT整理をチェック

やみくもに問題を解いても、学習範囲の概要がわからなければ知識として定着させることはできません。知識の中身を学習する前に、その章の流れ・体系をつかんでおきます。

POINT整理は見開き構成で、章の全体像がつかめるようになっています。一目で学習範囲がわかるので、演習の問題・解説がスムーズに進むだけでなく、しっかりした知識の定着が可能になります。ここは重要な準備作業なので詳しく説明します。

(1)**各項目を概観**（5分程度）

次の3点をテンポよく行ってください。

①章の内容がどんな構成になっているか確認

②何が中心的なテーマか、どのあたりが難しそうかを把握

③まとめの文章を読んで、理解できる部分を探す

最初はわからなくても大丈夫です。大切なのは問題・解説を学習するときに、その項目・位置づけがわかることです。ここでは知識の中身よりも、組立て・骨組み・章の全体像をイメージします。

(2)**気になる項目を確認**（30分程度）

問題・解説の内容を、先取りして予習する感覚で確認します。

①リファレンスを頼りに各問題や、問題の**PointCheck**を確認

②まったく知らない用語・理論などは「眺めるだけ」

③知っている、聞いたことがある用語・理論などは自分の理解との違いをチェック

全体像を確認したら、次にやることは「道しるべ」を作っておくことです。内容を軽く確認する作業ですが、知らないことや細かい内容はとばして、自分が知っている用語や理解できる内容を確認し、学習を進める時の印をつけておきます。

2. Level 1 の問題にトライ（問題・解説で1問あたり15分以内が目標）

まずは読む訓練と割り切りましょう。正解をみてもかまいません。むしろ○×を確認してから、どこが間違っているのか、理解が難しいのかを判断する程度で十分です。問題を読んで理解できない場合は、すぐに解説を読んで正誤のポイントを理解するようにしてください。

はじめは、問題を自力で解くことや、答えの正解不正解は全く考慮しません。また、ここで深く考える必要もありません。大切だとされる知識を「初めて学ぶ」感覚で十分です。問題で学ぶメリットを最大限に生かしましょう。

3. Level 1 の PointCheck を確認（15分程度）

学習内容の理解の仕方や程度を**PointCheck**で把握します。問題を解くための、理解のコツ、整理の仕方、解法テクニックなどを確認する作業です。暗記が必要な部分は、**PointCheck**の文中に印をしておき、次の学習ですぐ目につくようにします。

4. Level 2 の問題の正誤ポイントを確認

Level 1の問題と同様に読む訓練だと考えて、正誤のポイントを確認するようにしましょう。ただ、長い文章や、**POINT整理**にない知識、未履修の範囲などが混在している場合があるので、学習効果を考えると1回目は軽く流す程度でいいでしょう。また、Level 1の**PointCheck**と同様、覚えておくべき部分には印をしておきます。

Level 2は2周目で重点的に確認するようにします。1周目はとばしてもかまいません。ただ、これからやる学習範囲でも、眺めておくだけで後の理解の役に立ちます。「なんとなくわかった」レベルの理解で先に進んでも大丈夫です。

2周目以降

ここからは、問題を解きながら覚える作業です。大切なのは、「理解できたか・できないか」「整理されているか・されていないか」「暗記したか・していないか」を、自分なりにチェックしていくこと。できたところと、難しいところを分けていきましょう。

2周目でも、100パーセントの体系的理解は必要ありません。どうすれば正解に至ることができるかを自分なりに把握できればいいのです。最終的には自分の頭で処理できることが目標なのです。

2周目以降は、もうやらなくていい問題を見つける作業だと考えてください。「ここだけ覚えればいい」「もう忘れない」と感じた問題は切り捨てて、「反復が必要」「他の問題もあたっておく」と感じる問題にチェックをしていきます。

ここからが一般的な問題集の学習です。3周目は1日で全体の確認・復習ができるようになります。ここまで本書で学習を進めれば、あとは問題を解いていくことで、より得点力を上げていくこともできます。一覧性を高め、内容を絞り込んだ本書の利点を生かして、短期間のスピード完成を目指してください。

出るとこ過去問　社会学セレクト70

公務員試験

国家一般職
地方上級レベル対応

出るとこ過去問

セレクト70

第1章 社会学の誕生

Level 1 p4～p17　Level 2 p18～p23

1 社会学の誕生

Level 1 ▷ Q01　Level 2 ▷ Q08

市民革命と産業革命を経て近代社会が成立したヨーロッパで、社会学は新しい学問として誕生した。この時期の社会学は総合社会学と呼ばれる。

(1) A. コント（仏　1798～1857） ▶ p4

①社会学の創始者

②三段階の法則（神学的段階→形而上学的段階→実証的段階）

(2) H. スペンサー（英　1820～1903） ▶ p5

①社会有機体説

②社会進化論（軍事型社会→産業型社会）

2 社会学第２世代

Level 1 ▷ Q02～Q07　Level 2 ▷ Q09,Q10

総合社会学から、固有の研究対象と方法を持つ学問へと発展した。

(1) M. ウェーバー（独　1864～1920） ▶ p6

①『プロテスタンティズムの倫理と資本主義の精神』
（プロテスタントの教義→資本主義）

②支配の３類型：カリスマ的支配、伝統的支配、合法的支配

③価値合理性と目的合理性

④行為の４類型：感情的行為、伝統的行為、価値合理的行為、目的合理的行為

⑤理解社会学：社会的行為の動機を理解することにより、因果的に説明する

⑥価値中立

(2) K. マルクス（独　1818～1883） ▶ p8

①史的唯物論：経済構造から社会変動を説明

②階級闘争：労働者階級と資本家階級

(3) E. デュルケム（仏　1858～1917） ▶ p10

①類似に基づく機械的連帯から、分業に基づく有機的連帯へ

②社会学主義：社会学の研究対象は、社会的事実

③『自殺論』：自己本位的自殺、集団本位的自殺、アノミー的自殺

(4) G. ジンメル（独　1858～1918） ▶ p12

①形式社会学：上下関係、競争、模倣、分業、党派形成など、内容が異なる社会集団に共通する形式を研究対象とする

②生の哲学

(5) F. テンニース（独　1855～1936） ▶ p14

ゲマインシャフト（本質意志に基づく共同社会）とゲゼルシャフト（選択意志に基づく利

益社会）

⑹ C.H. クーリー（米　1864～1929） ▶p15

①第一次集団：家族、近隣、遊び仲間などの親密な集団

②鏡に映った自我

⑺ R.M. マッキーバー（米　1882～1970） ▶p15

コミュニティとアソシエーション

⑻ F.H. ギディングス（米　1855～1931） ▶p15

生成社会と組成社会

⑼ V. パレート（伊　1848～1923） ▶p16

①残基と派生

②エリートの周流（ライオン型エリートとキツネ型エリート）

⑽ R. ミヘルス（独　1876～1936） ▶p17

寡頭制の鉄則

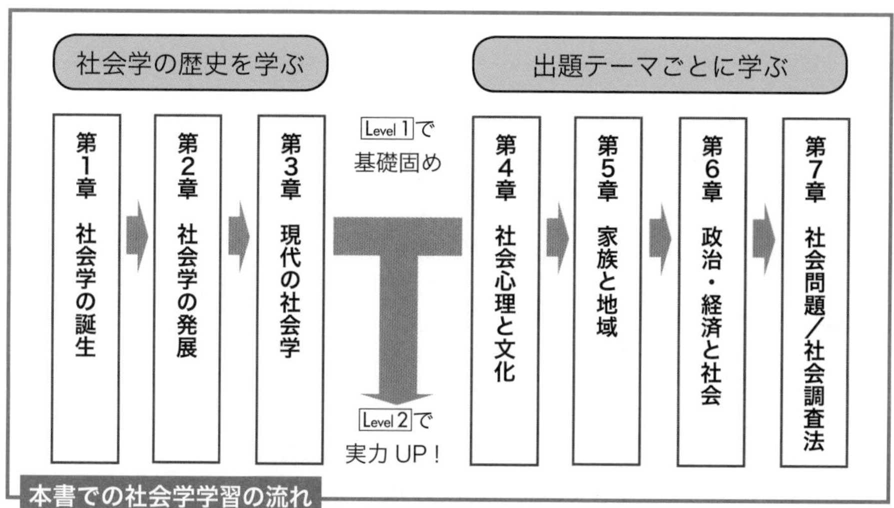

Q01 コント／スペンサー

問 社会学の特質に関する次の記述のうち、妥当なものはどれか。 （国家一般）

1 A. コントは、数学から社会学にいたる諸科学のヒエラルヒーを想定し、社会についての実証哲学として社会学を構想した。ここで社会学とは、社会現象を扱う科学の総称であり、その役割は、純粋に批判的なもので、封建制を解体することにあるとされた。

2 H. スペンサーは、社会は生物のような有機体であるとして、社会の発展を社会進化としてとらえた。進化した社会では、頭脳に当たる国家の役割が重要であるとして、当時の英国の自由放任主義を批判した。

3 E. デュルケームは、社会現象をモノのように扱うことで、科学としての社会学が成り立つと考えた。例えば、自殺は、個人的で心理的な現象であるから、社会学の研究対象にはならないと論じた。

4 M. ウェーバーは、社会学の研究対象は社会的行為であり、社会的行為は行為者の意欲に基づくものであるから、その帰結を因果的に説明することは不可能であると考えた。よって、行為の意味を理解することだけが社会学の課題であると主張した。

5 G. ジンメルは、広義の社会とは諸個人の相互作用から成るものとした。それは、政治、経済、宗教などの内容と、上位と下位、闘争などの形式に概念的に区別でき、政治学や経済学は内容を扱うが、社会学はそれらの現象に共通する諸形式を扱うものと論じた。

PointCheck

◉社会学の誕生……【★★☆】

18世紀末のフランス革命によって、それまでの社会体制が崩れ、新しい時代の思想家が現れた。

サン＝シモン

フランスの思想家。フランス革命後に、**王や貴族ではなく、産業にたずさわる人々を中心にした社会**を構想。空想的社会主義者とも呼ばれる。

◉ A. コント……【★★★】

フランスの哲学者。「社会学」という言葉の創始者。数学などの自然科学と同様に、社会学においても自然法則と観察を重視する立場は、実証主義と呼ばれる。

⑴社会静学と社会動学

コントは、社会学を分業や協力などの社会構造を説明する社会静学と、社会の変化を説明する社会動学に分け、**人間の精神や社会が三段階の法則によって変化する**とした。

⑵三段階の法則

人間の精神： 神学的段階 → 形而上学的段階 → 実証的段階
社会の進歩： 軍事的段階 → 法律的段階 → 産業的段階

◉ H. スペンサー ……………………………………【★★★】

イギリスの社会学者。当時のイギリスではダーウィンが『種の起源』で進化論を唱えていた。スペンサーは、**社会は生物と似た「有機体」であるという、社会有機体説**を唱え、社会進化論を主張した。

⑴社会進化論

生物が諸器官の相互依存で成り立つように、社会も異なる諸部分が結びついて成り立っている。その結びつき方は、次のように変化する。

軍事型社会 → 産業型社会
（強制的な奉仕） （自発的な協力）

⑵自由放任

産業革命をいち早く達成したイギリスでは、経済における自由放任主義が盛んだったが、スペンサーは、自由放任が経済だけでなく社会全般に当てはまるものと考えた。

自然界における自然淘汰と同じように、**社会においても自由放任によって優れた者が生き残り、社会全体も進化する**と考えたのである。

A01 正解ー5

1ー誤 コントにとって、社会学の役割とは「封建制を解体することにある」のではない。フランス革命や産業革命という大きな変化の後に、どうすれば社会を再組織化できるのかが彼の関心だった。

2ー誤 「自由放任主義を批判した」のではなく、むしろ擁護した。適者生存という進化論の考え方を社会にも適用したのが、スペンサーの社会進化論。

3ー誤 デュルケム（デュルケーム）の著作として有名な『自殺論』では、自殺が個人の心理的な問題ではなく、家族や宗教のような社会的制度の影響を受けると論じられている（**Q04** 参照）。

4ー誤 ウェーバーの「理解社会学」では、社会的行為の動機を理解することによって、社会的行為を因果的に説明できると考える（**Q02** 参照）。

5ー正 ジンメルの「形式社会学」では、家族や企業や政党のように、内容では異なる集団の間に共通してみられる関係の形式を扱う（**Q05** 参照）。

Q02 ウェーバー

問 M. ウェーバーに関する次の記述のうち、妥当なものはどれか。 （国税専門官）

1 彼は、近代資本主義の発達という社会現象を宗教倫理と結びつけてとらえて、西欧キリスト教、なかんずくカトリックの倫理が、西欧における近代資本主義の発展に貢献したと指摘した。

2 彼によれば、「支配」とは支配する側が支配することについての正統性を見いだすことによって成立するものであり、彼は、こうした見地から「支配」を「合法的支配」、「伝統的支配」、「カリスマ的支配」の３類型に分けた。

3 彼の官僚制理論によれば、官僚制は個々人の意志のあり方に依存する極めて壊れやすい形成物であって、それゆえに強力な規則や罰則で縛ることが重要であるとされている。

4 彼は、完成した官僚制的機構とそうでない組織とを比較すると、まさに機械的生産様式と非機械的生産様式とに見られるような差があることを指摘し、官僚制化された組織の技術的卓越性を強調した。

5 彼は、古典的社会学者による総合社会学の立場を批判し、社会学固有の研究領域を、人々の間の「相互作用の形式」に求め、社会の形式的側面を研究対象とする「形式社会学」こそ、真に科学的な社会学であると主張した。

PointCheck

◉ M. ウェーバー ……………………………………【★★★】

ドイツの社会学者。

近代化を合理化の過程としてとらえ、宗教や官僚制などについて、異なる時代や文化を比較することでさまざまな類型を提出し、社会学を発展させた。

⑴『プロテスタンティズムの倫理と資本主義の精神』

西欧において近代資本主義が成立した理由を、ウェーバーはキリスト教、なかでもプロテスタントの教義にあると考えた。その教義とは、予定説（預定説）、禁欲、勤勉である。これらの教義は、利益を追求する資本主義とは矛盾するようであるが、**ぜいたくをせずまじめに働くことが、資本の蓄積や拡大を可能にした**のである。

⑵支配の３類型

人が服従を受け入れるのには、次の３つのタイプがある。

①**カリスマ的支配**：特定の個人の優れた資質による支配。例）キリスト、ナポレオン
②**伝統的支配**：昔から伝統として受け継がれてきた支配関係。例）家父長制、封建制
③**合法的支配**：法によって正当化された支配。例）近代官僚制

※このように、典型的なタイプとして整理された概念を理念型という。

⑶社会的行為の４類型と合理性

ウェーバーは、行為とは主観的な意味を付与されている人間の行動であるとして、理念型としての社会的行為を４つに類型化した。例えば、価値合理的行為は、「楽しいから勉強する」というように、行為そのものに意味があるのに対し、目的合理的行為では、「試験に合格するために勉強する」というように、行為は目的のための手段なのである（価値合理性・目的合理性）。

①**感情的行為**：その時の感情に導かれて行われる行為。

②**伝統的行為**：因習や習慣に導かれて行われる行為。

③**価値合理的行為**：その行為自体が持つ価値に基づいて行われる行為。

④**目的合理的行為**：ある目標を達成するための手段として行われる行為。

⑷官僚制

近代官僚制は、法と規則に従って、個人の感情を入れず、合理的・機械的に行われるため技術的には優れている。しかし、それは形式主義に陥り、かえって非効率的、非民主的になるおそれもある。

⑸理解社会学

人間の行為とその結果の因果関係を、その行為の動機を理解することにより解明しようとする方法。個人の主観的意味に注目するので、この立場は方法論的個人主義と呼ばれる。

⑹価値中立（価値自由）

社会科学における客観性とは、科学者が特定の価値観を持ってはいけない、ということではなく、自分の価値観を自覚したうえで、それによって事実認識がゆがめられないようにすることである。ウェーバーはこのような立場を価値中立（価値自由）と呼んだ。

A02 正解－4

1－誤　「カトリック」ではなく、「プロテスタント」の禁欲と勤勉の倫理。

2－誤　「支配する側」ではなく、「支配される側」が正しい。支配の３類型は、「どうして他人に従うのか」ということの根拠を示している。

3－誤　「個々人の意志のあり方に依存する」が誤り。「公私の分離」が近代官僚制の特徴。

4－正　近代官僚制は、技術的には卓越しているが、同時に「官僚主義」と呼ばれるような、なわばり意識や事なかれ主義といったマイナス面も持っている。

5－誤　「形式社会学」を唱えたのは、ウェーバーではなく、彼と同時代のドイツの社会学者ジンメルである（**Q05** 参照）。

Q03 マルクス

問 次の文は、マルクスの階級論に関する記述であるが、文中の空所A～Dに該当する語又は語句の組合せとして、妥当なものはどれか。 （地方上級）

マルクスは、階級とは、（ A ）において占める位置によって規定される社会的範疇であり、階級関係とは、（ B ）の関係であるとした。

そして（ A ）などの客観的状況により規定された（ C ）が、共通の利害状況に置かれ、他の階級と対立関係にあるという意識を持つ（ D ）に至ると、階級闘争が始まるとした。

	A	B	C	D
1	生産関係	搾取と被搾取	即自的階級	対自的階級
2	生産関係	搾取と被搾取	対自的階級	即自的階級
3	生産関係	土台と上部構造	対自的階級	即自的階級
4	政治的関係	土台と上部構造	即自的階級	対自的階級
5	政治的関係	搾取と被搾取	対自的階級	即自的階級

PointCheck

◉K. マルクス ……………………………………【★★★】

ドイツ生まれの経済学者・社会学者。

史的唯物論の立場から「科学的社会主義」として、F.E. エンゲルスとともに社会主義思想を体系化し、ロシア革命や社会主義運動に大きな影響を与えた。

著書に『共産党宣言』『資本論』など。

⑴史的唯物論（唯物史観）

農作物を作るのには土地が必要で、工業生産物を作るのには工場が必要である。だから土地や工場を持つ人たちは、自分の労働力以外に物を生み出す手段を持たない人たちよりも社会関係上優位に立つ。このように、**物を作り出すことに関係する経済構造こそが社会の土台（下部構造）である**とマルクスは考えた。宗教や思想、法などの人間の精神はその土台の上に成り立つ上部構造にすぎない。生産力が発達すると、それに応じて生産構造や精神を変化させるような革命が起こり、社会が発展していくと考えた。

原始共産制社会 → 古代奴隷制社会 → 中世封建制社会 → 近代資本主義社会 → 社会主義社会

⑵階級論

階級には、土地所有者、工場などを持つ資本家、そしてそれに労働力を提供する労働者がある。資本主義社会においては、資本家は労働者に賃金を支払ってもなお残る利益（剰余価値）を得ているので、**資本家と労働者の関係は、搾取と被搾取の関係である。**これらの**階級間の闘争（階級闘争）が歴史を動かす原動力となる。**

⑶イデオロギー

マルクスの理論においては、経済構造という土台の上に成り立つ、社会的意識のこと。例えば、労働者は労働者という立場（即自的階級）から物事をみているが、自分たちが資本家によって搾取されているという利害関係に気づいたとき、自分自身を社会の中に位置づけてみることができる（対自的階級）。

知識を広げる

オグバーンの文化遅滞説

アメリカの社会学者 W.F. オグバーンは**物質文化の変化（技術革新）に対して、非物質文化（法や意識）の変化は遅れる**という文化遅滞説を唱えた。生産技術が先行して発展し、法制度などはそれに遅れて発展するという視点は、文化遅滞説とマルクスの史的唯物論に共通するものといえる。

A03 正解ー1

マルクスの理論では、階級は資本家と労働者のように、生産にかかわる関係構造に基づいている。よって **A** には「生産関係」が入る。政治的関係は、生産関係という土台の上に成り立つ上部構造に含まれる。

資本主義社会で資本家が得る利潤は、労働者から搾取したものと考えられるから、**B** には「搾取と被搾取」が適している。「土台と上部構造」は先に述べたように、生産関係と法的・政治的関係の間の関係である。

C には、「客観的状況により規定された」とあるので「即自的階級」が入り、**D** には「他の階級と対立関係にあるという意識を持つ」とあるので「対自的階級」が入る。「即自」とは自分の中にある矛盾に気づかない素朴な認識の状態であり、「対自」とはそのような矛盾を自覚した状態を指している。

Q04 デュルケム

問 E. デュルケムが指摘した19世紀後半のヨーロッパ社会における自殺の統計的傾向に関する次の記述のうち、妥当なものはどれか。 (国家一般)

1 国内外の状況が安定し平和な状態にある際には自殺は少ないのに対し、戦争のような政治的危機の時代には自殺は増加する。
2 年齢の影響を除去すると既婚者は独身者より自殺率が小さいが、既婚者の自殺免疫性は家族の密度に反比例する。
3 自由業の人や金利生活者など有閑階級の人は他の職業の人々に比べて自殺率が低い。
4 人のつながりが深い反面、閉鎖的な性質を持つ農村地域は、他人との関係が希薄な大都市を持つ地域よりも自殺率が大きい。
5 カトリック教徒の多い国や州はプロテスタントの多い国や州より自殺率が小さく、ユダヤ教徒の自殺率はカトリック教徒よりなお小さい。

PointCheck

◉E. デュルケム ……【★★★】

フランスの社会学者。

社会現象を自然条件や心理からではなく、社会的事実に基づいて説明する社会学主義を唱えた。著書に『社会分業論』『自殺論』など。

⑴機械的連帯から有機的連帯へ

デュルケムは『社会分業論』において、**近代化において社会の連帯のあり方が機械的連帯から有機的連帯へと変化する**と論じた。

※ここで、「機械的」というのは単純な連帯を表し、「有機的」というのは複雑な連帯を表す言葉として用いられている。

機械的連帯	原始社会においては、個人は皆同じような存在で、個性や自由を持たなかった。社会を機械とすれば、諸個人は部品のようなものだった。このような同質的社会は環節的社会と呼ばれる。それはちょうど、環節と呼ばれる体の部分がつながったミミズなどの生物のように、似通った集団が連合したものである。
有機的連帯	近代社会では、分業が進んでいるため、諸個人はそれぞれ異なる個性を持っており、相互に依存関係にある組織型の社会になっている。それはちょうど、高等動物の体が、互いに異なる働きを持った諸器官が結びついているのと同じである。

⑵社会学主義

社会現象を、気候や遺伝のような物理学的・生物学的要因や、個人の心理的要因ではなく、社会的事実によって説明するのが社会学であるとする考え方。

社会的事実：個人の外部にあって、個人を拘束するもの。これが社会学固有の研究対象である。例えば、法規範や宗教、さまざまな社会制度など。

⑶『自殺論』・自殺の３類型

社会学主義の立場から、自殺の要因を主に３つに分類。論証には多くの統計資料が用いられている。

①自己本位的自殺
宗教や家族など**社会の統合が弱いために起こる自殺**。例えば、プロテスタントはカトリックに比べ教会の統制力が弱いので、自殺率が高くなる。また、未婚者は既婚者よりも自殺率が高い。戦争中は国民の連帯が強まるので自殺率は低下する。
②集団本位的自殺
社会の統合が強いために起こる自殺。例えば、殉教（宗教のために命を捨てること）や軍隊における兵士の自殺。軍人は一般市民より自殺率が高い。
③アノミー的自殺
アノミーとは、**社会規範が崩れて個人の欲望が無規制状態になる**こと。無規制になった欲望は満たされることがなく、自殺の原因となる。例えば、商工業者は経済的成功への欲望が強いぶん、農業従事者よりも自殺率が高い。また、離婚制度がある国は、離婚制度のない国より男性の自殺率が高い。これは男性の性的欲望が無規制になるためだとされる。

※この他に「宿命的自殺」という類型も挙げている（**Q33** 参照）。

A04 正解－5

1－誤　戦争は、愛国心を鼓舞し、一時的に社会の統合を強めるので自己本位的自殺を減少させるとされる。

2－誤　既婚者は独身者より自殺率が低いのは正しいが、家族の密度、つまり家族の結びつきの強さは自己本位的自殺を減らすので、「反比例する」のではなく「比例する」が正しい。「自殺免疫性」とは、自殺を防ぐという意味。

3－誤　自由業や金利生活者は自殺率が高い。富裕層ほど欲望への歯止めがきかず、アノミー的自殺が増えるからである。

4－誤　人とのつながりは、自己本位的自殺を減らすので、農村地域は、他人との関係が希薄な大都市よりも自殺率は低い。

5－正　教会の統制力の弱いプロテスタントは、教会の統制力の強いカトリックよりも自己本位的自殺が多くなる、というのがデュルケムの『自殺論』の最も重要なポイントの1つである。規律の厳しいユダヤ教では社会の統合が強いので自殺が少ないとも主張した。

Q05 ジンメル

問 ジンメルの形式社会学に関する記述として、妥当なものはどれか。 （地方上級）

1　彼は機能的社会観を否定し、個人のみに実在を認める社会名目論と社会を実在とする社会実在論とを結合し、概念実在論という観点から個別科学としての形式社会学を確立した。

2　彼は、社会は人間の相互作用すなわち社会化において成立するとし、この相互作用を形式と内容に分け、社会学が対象とするのは、人々の社会化過程の形式的側面であるとした。

3　彼は、社会化の形式として上下関係、競争、模倣、分業、党派形成等を指摘し、企業体、宗教団体、学校といった集団の種類によって、実現される形式が異なることを見出した。

4　彼は闘争理論を示し、社会化の一形式である闘争は、それ自体ですでに対立する者の間の緊張を解消する作用があり、対立する各集団において、成員間の内部的結合を弱めるとした。

5　彼は、形式をつくり出すものは生であり、生は、つくり出した形式と衝突することなくさらに上の存在を目指し、形式を結晶化させることによって、文化を創造するとした。

PointCheck

◉ **G. ジンメル** ……【★★★】

ドイツの社会学者・哲学者。

コントやスペンサーの総合社会学を批判し、形式社会学を提唱した。

哲学者としては『貨幣の哲学』や「生の哲学」で知られる。

⑴形式社会学

ジンメルは、社会が個人間の心的相互作用からなると考えた。この相互作用とは、例えば、上下関係、競争、模倣、分業、党派形成などで、これらは社会のさまざまなところで共通してみることのできる関係の形式である。このように**内容と無関係に成り立つ関係の形式こそが社会学の固有の研究対象である**とされる。

⑵闘争

闘争や対立は、社会の崩壊ではなく、社会化の形式の1つであるとジンメルは考えた。なぜなら、**対立によって、当事者間の緊張が緩和され、また対立する集団それぞれの内部では結束がかえって強まる**からである。

⑶交差する社会圏

前近代においては、人々が社会的につながりを持つ範囲である「社会圏」は、上位のものが下位のものを包摂するという同心円的な構造であったが、近代化の過程で社会圏は相互に重なりつつずれを持つようになった（社会圏の交差）。これにより、個人は他の人とは違う社会圏の重なりに身を置くようになり、個人の個性化が促進された。

⑷生の哲学

ジンメルやH.ベルクソンの唱えた哲学。近代の理性主義を批判し、直観と体験を重視した。

◉**ジンメルの影響** 理解を深める ……………………………………………………………【★★☆】

ジンメルの形式社会学は、のちの闘争理論や交換理論に影響を与えた。

闘争理論
アメリカの社会学者L.A. コーザーは、**他集団との闘争が集団の凝集性を高めたり、集団内の寛容性を低下させたりする**など、機能主義の立場から闘争の社会的機能を分析した。一方、ドイツの社会学者R.G. ダーレンドルフは、マルクスの階級闘争理論を継承して、機能主義を批判する立場から闘争理論を展開した。
交換理論
アメリカの社会学者G.C. ホマンズやP.M. ブラウは、**個人や集団の社会的相互作用は、物財やサービス、あるいは感情の交換の過程である**と論じた。

A05 正解－2

1－誤　社会を個人や集団の相互作用としてとらえるジンメルは、社会名目論と社会実在論の両方を批判した。形式社会学は、概念ではなく、相互作用が実在すると考える。

2－正　社会を相互作用としてとらえ、内容は違っても社会のさまざまな領域に共通する形式を社会学固有の対象とする形式社会学の記述として妥当である。

3－誤　「上下関係、競争、模倣、分業、党派形成等」は社会化の形式の例として妥当だが、「集団の種類によって、実現される形式が異なる」という点が誤り。そうではなくて、これらの社会化の形式は、企業体、宗教団体、学校などの異なる領域に共通してみられる。

4－誤　闘争は「それ自体ですでに対立する者の間の緊張を解消する作用があり」というのは正しいが、対立する各集団の成員間の内部的結合を弱めるのではなく、強めるのが正しい。

5－誤　貨幣経済のような形式は、人間存在の「生」からつくり出されたのにもかかわらず、むしろ「生」と衝突することもある。

Q06 テンニース／クーリー

問 社会集団の類型に関する記述として、妥当なものはどれか。 (地方上級)

1 ギディングスは、集団を軍事型社会と産業型社会とに分類し、軍事型社会とは、個人が社会全体によって抑圧され権力による服従を強いられる社会であり、個人の平等な自由の法則が尊重される産業型社会へ移行するとした。

2 テンニースは、集団をゲマインシャフトとゲゼルシャフトとに分類し、本質意志に基づいて結合した統一体をゲマインシャフト、選択意志に基づいて結合した利益社会をゲゼルシャフトとした。

3 マッキーバーは、集団をコミュニティとアソシエーションとに分類し、コミュニティとは、特定の関心を集合的に追求するために人為的に結成された組織体であり、アソシエーションを基盤として派生したものであるとした。

4 クーリーは、集団を第一次集団と第二次集団とに分類し、間接的接触による大規模な人為的集団を第一次集団、直接的接触による親密な結びつきと緊密な協力とに基づく集団を第二次集団とした。

5 スペンサーは、集団を生成社会と組成社会とに分類し、生成社会とは血縁と地縁に基づく自生的に発生した社会であり、組成社会とは生成社会を基盤として類似の目的や活動のために人為的につくられた社会であるとした。

PointCheck

◉F. テンニース ……【★★★】

ドイツの社会学者。
社会をゲマインシャフトとゲゼルシャフトに分類した。

▼ゲマインシャフトからゲゼルシャフトへ

ゲマインシャフト
信頼に満ちた、親密な共同生活。血縁に基づく家族、地縁に基づく村落、宗教や友情に基づく小都市がこれにあたる。 本質意志：ゲマインシャフトの基礎にある個人の意志。**人間の自然な感情や良心が中心。**
ゲゼルシャフト
独立した諸個人による、人工的で意図的な集団。資本主義に基づく大都市や国家、学者の共同体などがこれにあたる。 選択意志（形成意志）：ゲゼルシャフトの基礎にある個人の意志。**利害の計算や権利と義務の意識など理性的な思考が中心。**

◉ **C.H. クーリー** ……【★★★】

アメリカの社会学者。

第一次集団や「鏡に映った自我」などの概念で知られる。

⑴第一次集団

クーリーは、家族、近隣、遊び仲間などの親密で**協調的な対面的関係で成り立っている集団**を第一次集団と名付けた。第一次集団は、個人が最初に経験する社会であり、自我形成の基盤となる。

※クーリーの第一次集団に対比されるものとして、後に第二次集団という言葉が用いられるようになったが、クーリーが論じたのは第一次集団である。第二次集団とは、短期的、間接的、限定的な関係で成り立つ集団で、近代社会における各種の組織がこれにあたる。

⑵鏡に映った自我

人間が自分の外見を鏡に映して知るように、自分が、他者の目にどのように映り、評価されているかを想像することで自分のことを知る。いわば、他者は自分を写す「鏡」であるということ。

◉**その他の主な集団類型**……【★★★】

コミュニティとアソシエーション（R.M. マッキーバー）
マッキーバーは、**社会生活の全領域にわたる共同体**をコミュニティ、その中で**特定の機能を果たす集団**をアソシエーションと呼んで区別した。例えば、コミュニティは地域社会や国民社会、アソシエーションは教会や学校、議会などである。
生成社会と組成社会（F.H. ギディングス）
ギディングスは、血縁や地縁によって自生的に成立する集団を生成社会、特定の目的や活動のために人為的に成立する集団を組成社会と呼んで区別した。

A06 正解－2

1－誤　軍事型社会と産業型社会はスペンサーによる分類（**Q01** 参照）。ギディングスはアメリカの社会学者で、統計を用いた実証的社会学を広めた。

2－正　ゲマインシャフト・本質意志、ゲゼルシャフト・選択意志という組み合わせが重要。

3－誤　コミュニティとアソシエーションの説明が逆。

4－誤　第一次集団と第二次集団の説明が逆。

5－誤　生成社会と組成社会はギディングスによる分類。

Q07 パレート

問　パレートの社会変動論に関する記述として、妥当なものはどれか。　（地方上級）

1　パレートは、社会の変動過程をエリートの周流による均衡の破たんと回復の過程であるとし、直線的な進歩や進化を否定した。
2　パレートは、社会の変動を各構成体の合法則的な継起と交替としてとらえ、その合法則性の根拠は生産様式にあるとした。
3　パレートは、物質文化が非物質文化よりも急速に変化するという文化遅滞により、社会変動の不均衡が生じるとした。
4　パレートは、人間精神が神学的・形而上学的・実証的という進歩の過程をたどるように、社会も軍事的・法律的・産業的という進歩の過程をたどるとした。
5　パレートは、人々の心的状態の表現を、可変的部分である残基と恒常的部分である派生とに分け、派生の移動により社会体系の均衡がもたらされるとした。

PointCheck

◉V. パレート ……………………………………【★★★】

イタリアの経済学者・社会学者。
経済学ではパレート最適やパレートの法則にその名を残す。

⑴残基と派生

パレートは、非論理的行為を残基と派生という2つの部分に分けた。
残基：**非論理的行為のもとになる感情**。恒常的で普遍的。
派生：**非論理的行為に対する行為者の説明**。可変的。
人々は、残基に基づく行為を、派生によって合理的に説明するが、その説明の仕方は個人や文化によってさまざまに変わりうる。

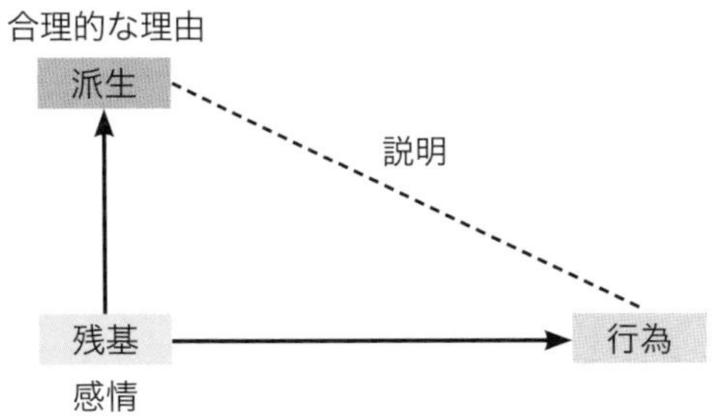

⑵エリートの周流

政治権力を担う統治エリートには、残基の種類の違いにより、策略に優れたタイプ（キツネ型）と力に優れたタイプ（ライオン型）がある。どちらのタイプとも長所と短所があるので、一方だけが社会の支配層に長くとどまることはなく、**キツネ型とライオン型のエリートの交代として社会変動は起こる**（エリートの周流）。

◉マキャベリズム 理解を深める……【★☆☆】

ルネサンス期のイタリアの外交官で思想家のN. マキャベリ（1469～1527）は『君主論』において、政治とは君主が権力を維持、拡大する技術であると説いた。このように政治を策略としてとらえる思想はマキャベリズムと呼ばれる。イタリアのこのような思想的伝統はパレートやモスカに引き継がれ、ファシスト政権の理論的根拠として利用された。

◉少数支配の法則……【★☆☆】

イタリアの政治学者G. モスカ（1858～1941）は、専制政治だけでなく民主政治においても、少数の支配層と多数の被支配層に分かれるという、少数支配の法則を唱えた。

知識を広げる

寡頭制の鉄則（R. ミヘルス）

ドイツの社会学者ミヘルス（1876～1936）は、**民主的な組織であっても、規模拡大とともに指導者層が固定して、支配と服従の関係が必然的に生じる**ことを「寡頭制の鉄則」として示した。

A07 正解－1

1－正　「エリートの周流」はパレートの提起した概念として有名。コントの三段階の法則、スペンサーの社会進化論、マルクスの史的唯物論などが、古い社会から新しい社会への直線的な変化として社会変動をとらえたのに対し、パレートは循環的な社会変動論を示した。

2－誤　生産様式に注目して社会変動論を展開したのはマルクス（**Q03** 参照）。

3－誤　文化遅滞説を唱えたのはオグバーン（**Q03** 参照）。

4－誤　三段階の法則を唱えたのはコント（**Q01** 参照）。

5－誤　残基と派生が逆。

Q08 社会の類型と進化

問 **社会の類型及び進化に関する次の記述のうち、妥当なものはどれか。** （国税専門官）

1 E. デュルケームは、未分化な前近代的共同体にみられる類似した同質的成員による連帯形式を有機的連帯、分業が発達した社会における異質な成員による相互補完的な連帯形式を機械的連帯と呼んだ。
2 A. コントは、人間の知識が形而上学的状態から、神学的状態を経て、実証的状態へと進歩するのに応じ、社会は軍事的社会から、産業的社会を経て、法律的社会へと進歩するとした三段階の法則を提起した。
3 F. テンニースが提示した概念のうち、ゲゼルシャフトの例としては家族、民族、教会、都市などがあり、ゲマインシャフトの例としては契約関係、大都市、世界がある。
4 H. スペンサーは、社会は生物有機体と同様に成長するものとして、強制的協働に基づく軍事型社会から自発的協働に基づく産業型社会へと進化すると主張した。
5 R. マッキーヴァーは、村、町、国などのより広い範囲の共同生活の領域を表す概念をアソシエーション、アソシエーションを共通基盤としてその上に人々の意思によって形成される教会、学校、労働組合などの人的結合体をコミュニティとした。

PointCheck

◉社会の類型 繰り返し確認 ……【★★★】

社会の類型や進化に関する問題は頻出なので、論者と類型を整理して覚える必要がある。

❖社会進化・社会変動に関する論者と類型

A. コント	人間の精神：神学的段階→形而上学的段階→実証的段階 社会の進歩：軍事的段階→法律的段階→産業的段階
H. スペンサー	軍事型社会→産業型社会 （強制的な奉仕）（自発的な協力）
E. デュルケム	機械的連帯→有機的連帯 （類似）（分業）
F. テンニース	ゲマインシャフト→ゲゼルシャフト （本質意志）（選択意志）
G. ジンメル	同心円的な社会圏→交差する社会圏 （同質的）（個性化）
R.M. マッキーバー	コミュニティ ／ アソシエーション ⇐ 並立的 （地縁による共同体）（人為的機能集団）

V. パレート	ライオン型エリート／キツネ型エリート （力）　　　　　（策略） ⇐ 循環的

※ただし、単方向的な社会進化ではない、並立的な類型や循環的な変動論もある。

◉コントの三段階の法則 理解を深める …………【★★☆】

人間精神の各段階は、次のような特徴を持つ。

神学的段階	物神崇拝、多神教、一神教の形態をとる
形而上学的段階	ルネサンスや宗教改革にみられる批判的精神
実証的段階	不変の自然法則の確立と観察の重視

Level up Point!

社会の類型については、上記のように論者とキーワードの組合わせを覚えておけば正答できる場合が多いが、本問は、理論の内容まできちんと押さえていないと正答できない。キーワードの意味と流れと、論者の視点の違いを関連させて理解すること。

A08 正解ー4

1ー誤　有機的連帯と機械的連帯が逆になっている。間違いやすいので、「機械的連帯から有機的連帯へ」という流れをしっかりと押さえたい。

2ー誤　コントの三段階の法則における、人間の精神の進歩と社会の進歩の順序に誤りがある（**Q01** 参照）。

3ー誤　ゲマインシャフトとゲゼルシャフトが逆（**Q06** 参照）。ゲマインシャフトは本質意志に基づき、血縁や地縁、宗教などで結びついているので、家族、民族、教会、小都市などがこれにあたる。ゲゼルシャフトは選択意志に基づき、契約や規則、理論などを基準として結びついているので、契約関係、大都市、世界などがこれにあたる。

4ー正　「強制的協働に基づく軍事型社会から自発的協働に基づく産業型社会へ」という社会進化は、スペンサーの社会進化論について妥当な記述である。

5ー誤　コミュニティとアソシエーションが逆。生活の全領域にわたるコミュニティを基盤として、特定の機能を果たすアソシエーションが成立する。

Q09 社会変動

問　社会変動に関する次の記述として、妥当なものはどれか。　（地方上級）

1　高田保馬は、観念論の立場から社会変動をとらえ、社会の量質的組立てが社会関係を規定するという第三史観を提起した。
2　ベルは、社会変動を社会の構造的分化の発展過程としてとらえ、脱工業化社会の特徴は、理論的知識が社会の革新や政策形成の源泉としての役割を果たさなくなったことにあるとした。
3　パレートは、権力の獲得のために力に訴える傾向を持つエリートが、権力の獲得のために奸智に訴える傾向を持つエリートに最終的に取って変わられるという、一定の方向性を持つ段階的な過程として社会変動をとらえた。
4　スペンサーは、社会進化論的な立場から、類似に基づく機械的連帯から分業に基づく有機的連帯へという社会変動の方向を示した。
5　オグバーンは、文化の変化を社会変動の要因としてとらえ、社会変動の不均衡は、物質文化が非物質文化に比べ速く変化することによって現れるとした。

PointCheck

◉高田保馬（たかたやすま）（1883～1972）……【★★☆】

日本の社会学者、経済学者。

⑴基礎社会と派生社会

基礎社会：地縁や血縁に基づく。例）家族、村、国家、民族など。
派生社会：類似と利益の共通に基づく。例）教団、学会、政党、会社、組合など。

⑵結合定量の法則

一定の社会内における社会的結合の分量は時代によってほぼ一定しているという法則。例えば、特定の集団の結合が強くなると、全体社会の結合が弱くなる。また社会の内部の結合が強くなると、外部との結合は弱くなる。

⑶第三史観

高田は、ヘーゲルの精神史観、マルクスの唯物史観に対して自らの理論的立場である社会中心史観を第三史観と位置づけた。それは、社会の量質的組立てが社会関係の結合と分離を決定し、社会変動を説明するというものである。社会の量質的組立てとは、人口密度という量的側面と、成員の異質性という質的側面を指している。

知識を広げる

日本の社会学者

⑴有賀喜左衛門（あるがきざえもん）（1897～1979）

村落構造や同族集団の研究など、農村社会学や家族社会学の分野で業績を残した。

⑵鈴木栄太郎（すずきえいたろう）（1894～1966）

農村社会学では、**自然村（地縁などに基づき、自然発生的に成立した村落）**と**行政村（行政区画としての村）**の区別、都市社会学では**結節機関**（都市を特徴づける、役所、商店など社会的交流の場）の概念を提示した。

⑶福武直（ふくたけただし）（1917～1989）

社会調査に基づく実証的な農村社会学で知られる。**同族型村落（本家と分家の関係からなる村落）**と**講組型村落（農家どうしの対等な関係からなる村落）**の区別と、前者から後者への発展論を提示した。

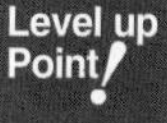

日本の社会学者の理論についての出題は比較的少ないが、高田保馬の「基礎社会と派生社会」は社会の類型として覚えておきたい。

A09 正解－5

1－誤　高田保馬は観念論でも、唯物論でもなく、社会関係を社会変動の要因と考える第三史観の立場をとった。

2－誤　ベルによれば、脱工業化社会においては理論的知識が重要な役割を果たす（**Q55** 参照）。

3－誤　パレートの「エリートの周流」論では、力に訴える傾向を持つエリートと奸智（かんち）に訴えるエリートが交代で支配層となるとされる。一定の方向性を持つというのは誤り（**Q07** 参照）。

4－誤　機械的連帯から有機的連帯への移行を唱えたのは、デュルケムである（**Q04** 参照）。

5－正　非物質的文化の変化は、物質的文化の変化よりも遅れるというオグバーンの文化遅滞説についての妥当な記述である（**Q03** 参照）。

Q10 近代化と社会変動

問 近代化と社会変動に関する次の記述のうち、妥当なものはどれか。 （国家一般）

1 G. ジンメルは、社会圏が量的に拡大し、分化することで社会圏の交錯が生じ、その中で個人は各種の社会圏を自分なりの組合せで選ぶことによって、自らの個性を発達させると論じた。

2 E. デュルケームは、社会の容積と動的密度が増大すると、類似に基づく有機的連帯が次第に拘束力を失い、社会的分業が発達して、アノミー状態が出現すると論じた。

3 W.W. ロストウは、すべての伝統的社会は、離陸のための先行条件期、離陸期、成熟への前進期を経て、高度情報経済社会の段階へ進むとする経済成長の五段階説を唱えた。

4 D. ベルは、経済成長を基軸原理とする工業社会の後に、理論的知識を基軸原理とした脱工業社会が出現し、知識をもつ者ともたない者との間でイデオロギー対立が激化すると予測した。

5 M. カステルは、生産様式と発展様式を区別し、生産様式としての資本主義と社会主義は、ともに工業的発展様式から脱して、情報的発展様式と結び付くようになったと論じた。

PointCheck

ここでは、古典的社会学者の近代化論に加え、20 世紀以降の社会科学における近代化論や脱産業社会論が出題されている。

◉ W.W. ロストウ（1916 ～ 2003）……………【★★☆】

アメリカの経済学者。5段階の経済発展段階を唱えた。

ロストウの経済発展段階説

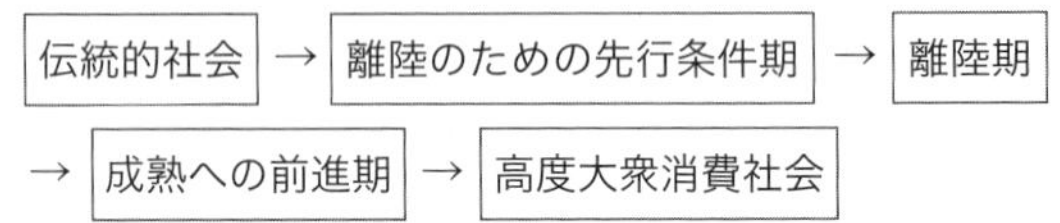

ロストウの主張はマルクスの史的唯物論を批判し、産業化の度合いを重視する社会変動論となっている。

◉ M. カステル（1942 ～ ）……………【★☆☆】

スペイン生まれ。アメリカなどで活躍する社会学者。

「新しい都市社会学」の担い手とされる。

情報的発展様式

カステルによれば、剰余生産物の占有の形態である「生産様式」に対し、剰余生産物の増加の仕方に注目するのが「発展様式」である。そして、産業的（工業的）発展様式が経済成長を指向するのに対し、情報的生産様式は科学技術的発展を指向する。情報的発展様式は必ず産業的生産様式に織り合わさっているとされる。

◉社会圏 理解を深める ……………………………………【★★☆】

通商、交通、結婚など社会的な相互作用が持続的になされ、共通の社会的特性を有する集団や地理的な範囲を社会圏という。G. ジンメルは、近代化に伴う社会圏の交差が個人の個性化を促進するとした。

◉生産様式 理解を深める ……………………………………【★★★】

マルクスは史的唯物論の立場から、**財の生産力や、財の生産にともなう社会関係としての生産関係が、社会変動の要因である**とした。これらをまとめて生産様式という。生産様式には歴史的段階や地域により、アジア的、古代的、封建的、近代ブルジョワ的という区別がある。

カステルのような近年の社会学者の理論が出題されると、難易度が高くなる。しかし、古典や定番の理論をしっかり押さえておけば、消去法で正しい選択肢を選ぶことができる。新しい知識の詰め込みよりも、基本的知識を十分に活用する姿勢が合格への近道。

A10 正解ー1

1ー正 ジンメルは近代化によって社会圏が交差し、個人の個性化が進むと論じたので妥当である。

2ー誤 類似に基づくのは有機的連帯ではなく、機械的連帯。

3ー誤 5段階説の最後の段階は、高度大衆消費社会。

4ー誤 ベルは、脱工業社会ではイデオロギー対立は終焉すると論じた（**Q55** 参照）。

5ー誤 カステルは、情報的発展様式が工業的発展様式と織り合わさっていると論じている。

第2章 社会学の発展

Level 1 p26～p39　Level 2 p40～p45

20世紀に入ると、社会学の中心はヨーロッパからアメリカに移っていく。
また、ナチスから逃れた社会学者が、ヨーロッパ大陸からアメリカやイギリスに渡った。

1 構造─機能主義に基づく社会体系論や中範囲の理論

Level 1 ▷ **Q11,Q12**　Level 2 ▷ **Q18,Q19**

(1) T. パーソンズ（米　1902～1979） ▶ p26

①社会体系論（社会システム論）
② AGIL 図式
③道具的役割と表出的役割
④家族の２機能説（子どもの基礎的社会化、成人の安定化）

(2) R.K. マートン（米　1910～2003） ▶ p28

①中範囲の理論（一般理論と仮説検証の統合を目指す）
②潜在的機能／顕在的機能
③予言の自己成就
④文化的目標と制度的手段の不一致→アノミー
⑤準拠集団

2 パーソンズの構造─機能主義やマルクス主義を批判する理論の登場

Level 1 ▷ **Q13～Q17**　Level 2 ▷ **Q20**

(1) A. シュッツ（墺→米　1899～1959） ▶ p30

①現象学的社会学（生活世界のリアリティを研究）
②多元的現実

(2) G.H. ミード（米　1863～1931） ▶ p32

①主我（I）と客我（Me）
②一般化された他者

(3) H.G. ブルーマー（米　1900～1987） ▶ p34

シンボリック相互作用論（象徴的相互作用論）

⑷ K. マンハイム（独→英　1893～1947） ▶ p36

①知識社会学
②存在拘束性
③部分的イデオロギーと全体的イデオロギー
④特殊的イデオロギーと普遍的イデオロギー
⑤相関主義

⑸ C.W. ミルズ（米　1916～1962） ▶ p38

①ラディカル社会学
②パワー・エリート（経済・軍事・政治の権力独占）

〈アメリカ社会学の展開〉

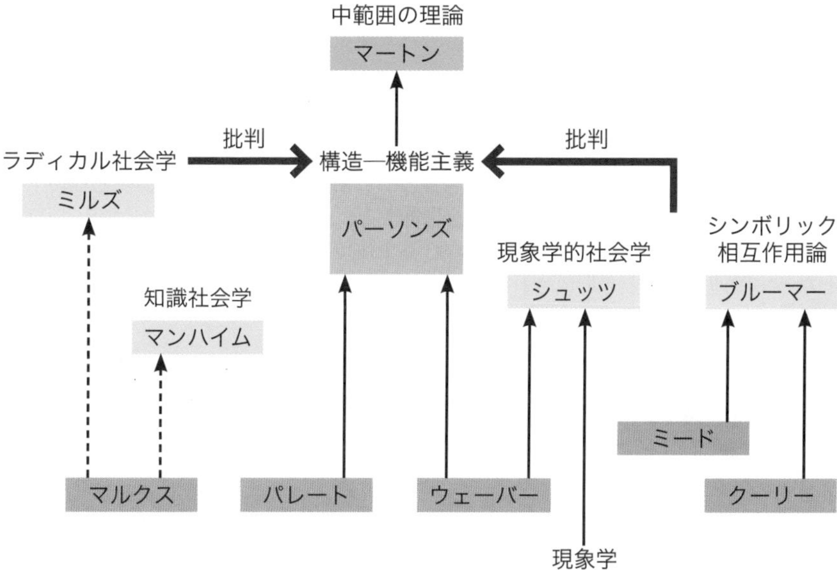

Q11 パーソンズ

問 パーソンズの社会体系論に関する記述として、妥当なものはどれか。 （地方上級）

1 パーソンズは経験的調査と理論との有効な結合として、「中範囲の理論」を唱え、全体社会システムの諸部分を構成する個々の社会現象を分析する枠組みとして、機能分析を利用した。

2 パーソンズは、現代社会学に交換の視点を導入し、人々の相互作用は報酬の交換過程であると考え、交換動機に基づく個々人の選択の積み重ねこそが、社会状況や社会秩序を導き出すとした。

3 パーソンズは、世界の「複雑性の縮減」を社会体系論の基本概念とし、「複雑性の縮減」は、体験や行為の無数の可能性を秩序化し、意思決定により一定のものを選ぶと同時に他のものを排除するという行為によって行われるとした。

4 パーソンズは、社会状況の下での行為は演技の要素を含むものであり、日常生活状況における人々の行為を演者、共演者又は、観客として相互的に入れ替わる演技過程のドラマであるとし、ドラマトゥルギーの社会学を展開した。

5 パーソンズは、複数の行為者がそれぞれ行為主体であると同時に他の行為者の行為の客体となって関連し合うとき形成される相互行為システムを社会体系とし、構造－機能主義の立場から社会体系論を展開した。

PointCheck

◉ T. パーソンズ ……………………………………………………………………【★★★】

アメリカの社会学者。

社会体系論（社会システム論）として社会学全般にわたる一般理論を提示し、大きな影響を及ぼした。**構造―機能主義**の代表的社会学者。

⑴社会体系論（社会システム論）

行為システムを、パーソナリティ・システム、社会システム、文化システムからなるものとした。

⑵ AGIL 図式

パーソンズが、社会システムの機能を分析するために提示したのが AGIL 図式である。この図式は２つの軸(パターン変数)の組み合わせによってできる次の４つの機能から成り立っている。

A：適応（adaptation）
G：目標達成（goal attainment）
I：統合（integration）
L：潜在的パターンの維持（latency）

	道具的	表出的
外的	A　適応 （経済）	G　目標達成 （政治）
内的	L　潜在的パターンの維持 （家族）	I　統合 （共同体）

※（　）内は典型例

(3)道具的役割と表出的役割

社会システムの機能を分類するパターン変数の1つが道具的・表出的という役割である。例えば、小集団においては、**集団の目標を達成するのに貢献する道具的役割**と、**集団の協調を維持するのに貢献する表出的役割**がある。

家族においては、父親が道具的役割、母親が表出的役割を果たすとされる。

(4)家族の機能

パーソンズは、家族には、

①子どもの基礎的社会化

②成人の（パーソナリティの）安定化

という2つの機能があるとした。

A11 正解－5

1－誤　「中範囲の理論」を唱えたのはマートン（**Q12** 参照）。
2－誤　ホマンズやブラウの唱えた交換理論の説明である（**Q19** 参照）。
3－誤　「複雑性の縮減」はルーマンの社会システム論のキーワード（**Q24** 参照）。
4－誤　ドラマトゥルギーの社会学を展開したのはゴフマン（**Q21** 参照）。
5－正　複数の行為者が互いに行為の主体かつ客体であることをパーソンズは「二重の条件依存性（ダブル・コンティンジェンシー）」と呼んだ（**Q28** 参照）。彼の立場は構造―機能主義と呼ばれる。

Q12 マートン

問　マートンの社会学に関する記述として、妥当なものはどれか。　(地方上級)

1　彼は、アノミー論を展開し、アメリカ社会における逸脱行動は、文化的目標としての金銭的成功とこれを達成するための制度的規範とが同じように強調されることによって引き起こされるとした。
2　彼は、官僚制組織は規則の制定自体が目的とされるため、「官僚制の逆機能」として、組織目標を達成するために規則の遵守が軽視されることを指摘した。
3　彼は、「機能分析」において、一定のシステムの調整ないし適応に貢献する客観的結果と主観的意図とが、一致している場合を顕在的機能とし、一致していない場合を潜在的機能として区別した。
4　彼は、準拠集団論を展開し、準拠集団は人が自分を関連づけることにより影響を受ける集団であり、準拠集団と相対的不満との関係を否定した。
5　彼は、従来の社会学は社会調査における作業仮説と一般理論との間が結合されているとして、中範囲の理論を唱え、社会調査における作業仮説と一般理論とを分断した。

PointCheck

◉ R.K. マートン ……………………………………………………………………【★★★】

アメリカの社会学者。
パーソンズの一般理論に対して、「中範囲の理論」を提唱した。
潜在的機能、予言の自己成就、アノミー、準拠集団論などが重要。

(1)中範囲の理論

マートンは、一般理論と経験的調査が統合されていない従来の社会学に対し、**小さい作業仮説の検証を積み重ねることによって、限られた範囲に適用される理論を構築していく**「中範囲の理論」を唱えた。

(2)潜在的機能

社会システムにおける諸機能は、成員に自覚されているとは限らない。そのような**自覚されていない機能を潜在的機能といい、自覚されている機能を顕在的機能という**。

> 例）雨乞いの儀式は、成員にとっては雨を降らすためのものだが、それによって集団の結束が強まるという点では社会システムにとって潜在的に積極的な機能を果たしている。

⑶予言の自己成就

社会現象について予測することが、その現象の実現に影響を与えてしまうことを予言の自己成就あるいは自己成就的予言という。

例）銀行が破綻するという噂によって銀行の信用が失われ、本当に破綻してしまう。

※予測したことによって、その実現が阻まれる場合を予言の自己破壊あるいは自己破壊的予言（自殺的予言）という。

⑷社会構造とアノミー

社会の文化的目標が重視され、制度的手段が軽視されると、人々は不正をしてでも目標を達成しようとし、**アノミー（無規制状態）**が生じる（**Q33** 参照）。

例）アメリカでは金銭的成功という目標がそれを追求するための手段よりも強調されているため、さまざまな逸脱行動を生じさせている。

⑸準拠集団

個人が比較や同調の対象とする集団のこと。準拠集団は実際に所属している集団とは限らない。

例）自分が他の集団よりも損をしていると感じて不満が生じる（相対的不満）。
将来所属したい集団の価値に同調する（予期的社会化）。

A12 正解－3

1－誤　マートンは、アメリカ社会では金銭的成功という文化的目標ばかりが強調され、その達成のための制度的規範・制度的手段がそれほど強調されていないと論じた。

2－誤　官僚制には、目標達成のための手段であるはずの規則の遵守が自己目的化し、形式主義や儀礼主義に陥ってしまうという逆機能がみられる。

3－正　システムにとっての機能が行為者の意図と一致する場合が顕在的機能であり、一致しない場合が潜在的機能である。行為者の行為が気づかぬうちにシステムにとって阻害的に働く、潜在的逆機能の場合もある。

4－誤　相対的不満は、自分の境遇を他の集団と比較したときに生じる不満なので、比較対象となる準拠集団と関係した概念である。

5－誤　従来の社会学は社会調査における作業仮説と一般理論との間が「分断」されているとして、社会調査における作業仮説と一般理論とを「結合」するために中範囲の理論を唱えた。

Q13 シュッツ

問　シュッツの社会学に関する記述として、妥当なものはどれか。　(地方上級)

1　現象学を応用して独自の価値倫理学を展開し、コントの三段階説における、神学的、形而上学的及び実証的知識は同時に共存するものと考え、それぞれの知識と社会基盤との関係を研究するものとして、知識社会学を体系化した。
2　「社会的世界の意味構成」において、M. ウェーバーの理解社会学をフッサール現象学で基礎付けることにより現象学的社会学を展開し、人々の社会的行為において自明の背景とされる生活世界の構造を解明しようとした。
3　「社会体系論」において、社会を行為システムとしてとらえ、その構成要素はパーソナリティシステム、社会システム及び文化システムという下位システムであるとした。
4　言葉を中心としたシンボルを媒介とする人間の社会的相互作用に焦点をおき、この相互作用における内的な解釈の過程に注目して、人間の積極的、主体的あり方を解明しようとした。
5　従来の社会学は、社会学的なカテゴリーを人々に押しつけていると批判し、人々が日常生活を構成していく方法を探究することにより、常識的なメカニズムを解明しようとするエスノメソドロジーを創始した。

PointCheck

◉ A. シュッツ ……【★★★】

社会学者。ウィーンに生まれ、ナチスのオーストリア占領後アメリカに渡った。
現象学的社会学を展開した。

(1)現象学的社会学

シュッツは、**ウェーバーの理解社会学と哲学者 E. フッサールの現象学を総合**した現象学的社会学を展開した。それは「生活世界」と呼ばれる**日常生活のリアリティを考察の対象とする**。シンボリック相互作用論、エスノメソドロジーなど、「意味」を扱う社会学に影響を与えている。現象学的社会学では、シュッツの他、『現実の社会的構成』を著した P.L. バーガーと T. ルックマンなどが知られている。

(2)多元的現実

シュッツによれば、夢や空想、芸術や宗教、科学的思考などは**日常生活世界とは別の現実であり、それらが多元的現実を構成**している。その中でも日常生活世界は「至高の現実」と呼ばれる。

◉「エポケー」 理解を深める ……【★★☆】

フッサールの現象学では、通常わたしたちが持っている**現実世界に対する信念を停止するという哲学的な態度**を「エポケー」という。つまり、わたしたちが「当たり前」だと思っていることをいったんやめてみるのである。シュッツはこの「当たり前」という態度自体が、日常生活世界への疑いの停止という意味で、ある種の「エポケー」であるとして、それを「自然的態度のエポケー」と呼んだ。この「自然的態度のエポケー」を問題にする姿勢をさらに進めたのがH. ガーフィンケルらのエスノメソドロジーである。

知識を広げる

ナチスを逃れた知識人たち

1930年代にドイツでヒットラーの率いるナチスが政権を握ると、ドイツや周辺の国々からはユダヤ系をはじめ多くの知識人がアメリカなどの自由な国へ逃れた。シュッツもその1人である。他には、M. ホルクハイマー、T.W. アドルノ、E. フロム、H. マルクーゼらフランクフルト学派（**Q32** 参照）の社会学者がアメリカに、K. マンハイムはイギリスに亡命した。

A13 正解－2

1－誤　知識社会学を体系化した社会学者はシェーラーとマンハイム。本肢はシェーラーについての記述になっている。
2－正　現象学的社会学を展開したのはシュッツであり、妥当な記述である。
3－誤　社会体系論（社会システム論）を構築したパーソンズについての記述（**Q11** 参照）。
4－誤　シンボリック相互作用論についての記述。シンボリック相互作用論の代表的論者はブルーマー（**Q15** 参照）。
5－誤　エスノメソドロジーを創始したのはガーフィンケル（**Q22** 参照）。

Q14 ミード

問 パーソナリティ理論に関する記述として、妥当なものはどれか。 （地方上級）

1 E. フロムは、人々はその地位と役割の相違に応じて多様な方向に社会化されてゆき、その地位にふさわしい一定の社会的に期待された型のパーソナリティを持つに至るとし、これを「地位のパーソナリティ」と呼んだ。

2 G.H. ミードは、自我は、自分に対する他者の役割期待をとり入れることによって形成される「客我」と、「客我」への反応であり、それに働きかけ、変容させ、新たなものを生み出す「主我」との相互作用の過程であるとした。

3 G.W. オールポートは、人間のパーソナリティが社会的・文化的・歴史的諸条件とどのようなダイナミックな関係にあるかを明らかにする概念として「社会的性格」を提起した。

4 R. リントンは、自我の社会化された側面についての自己概念は、他者という鏡に映った自分の像にほかならず、他者による自己についての評価を想像し内面化することで形成されるとし、「鏡に映った自我」という概念を作った。

5 E.H. エリクソンは、パーソナリティは、「イド」、「自我」および「超自我」で構成され、このうち「超自我」は、幼児期の両親の道徳的態度等の内面化の所産であり、命令や禁止を通じて「自我」を監視する機能を営むとした。

PointCheck

◉ G.H. ミード ……………………………………【★★★】

アメリカの哲学者、社会心理学者。

主我（I）と客我（Me）、「一般化された他者」などの概念を提示し、シンボリック相互作用論の源流の１人とされる。

⑴主我（I）と客我（Me）

ミードは、自我に２つの側面があると考えた。まずは子どもが周囲の人々との関係の中で獲得していく「他者から見られる自分」である。これは**他者から何らかの役割を期待される対象としての自分**であるから客我（Me）と呼ばれる。このように他者から期待される役割を内面化することを**役割取得**という。

だが、人は他者から期待された役割を果たすだけではなく、そのようにして形成された客我に働きかけ、変容させ、新しい自分を創っていくことができる。そのような**客我への反応としての自我**が主我（I）であり、**自我とは客我と主我との相互作用の過程である**といえる。

⑵重要な他者／一般化された他者

自我形成において、客我の形成に最初に影響を与える父母や遊び友だちなど、**実際に顔を合わせる関係にある具体的な他者のことを重要な他者という。**

それに対して、共同体のルールや社会の規範など、具体的な他者ではないが、自分をとりまき、客我に影響を与えるのが一般化された他者である。

◉**プラグマティズム** 理解を深める ……………………………………【★★☆】

ヨーロッパとは異なる、アメリカ独自の思想として、19 世紀末に始まるプラグマティズムがある。プラグマティズムは、**知識や思想が実際の生活の中で持つ意味を重視する立場**で、心理学者 W. ジェームズ、教育学者 J. デューイ、そして社会心理学者のミードなどがその代表格である。ミードは H.G. ブルーマー（**Q15** 参照）によりシンボリック相互作用論の先駆けとされたが、ミード自身がシンボリック相互作用論を唱えたわけではない。

知識を広げる

フロイトの自我論

S. フロイト（1856 ～ 1939）はオーストリアの精神医学者で、人間の精神活動における「無意識」の働きに注目し、精神分析を創始した。フロイトは精神をイド、自我、超自我からなるものとした。**イドとは無意識的で本能的な部分であり、イドをコントロールするのが自我である。超自我とは道徳的良心で、自我に対して規範的な命令や禁止を行う**。フロイトの理論は、パーソンズ（**Q11** 参照）やフランクフルト学派（**Q32** 参照）に影響を与えている。

知識を広げる

エリクソンのアイデンティティ論

E. エリクソン（1902 ～ 1994）はドイツに生まれ、アメリカで活躍した心理学者。エリクソンは、「自分は何者か」という意識を**アイデンティティ（自己同一性）**と呼び、特に青年期にアイデンティティを形成する時期を**モラトリアム（猶予期間）**と呼んだ。

A14 正解－2

1 －誤　フロムではなく、リントンの「地位のパーソナリティ」についての記述。
2 －正　自我を客我と主我の相互作用過程と考えたのはミードであり、妥当な記述である。
3 －誤　オールポートではなく、フロムの「社会的性格」についての記述（**Q31** 参照）。
4 －誤　リントンではなく、クーリーの「鏡に映った自我」についての記述（**Q06** 参照）。
5 －誤　エリクソンではなく、フロイトの精神分析における自我についての記述。

Q15 ブルーマー

問　ブルーマー（Blumer, H.G.）が提唱した象徴的相互作用論に関する記述として最も妥当なものはどれか。（国家総合）

1　人間は、他者との相互作用の中で、他者の期待を身振りや言語などの象徴を通じて内面化することにより自己（客我）を獲得し、また、この客我に対する判断・評価を通じて自己（主我）を形成する。人間の自我はこれら二つの自己が相互に影響し合うことによって成立する。

2　人間は、親や教師らとの相互作用を通じて、信仰やイデオロギーなどの象徴によりパターン化された文化体系を価値として内面化する。そして、こうした価値が内面化されることにより、社会的に意義ある行為を実現し、全体社会の安定に寄与することができる。

3　人々の間の相互作用は、人間が物事に対して与えた意味に基づいて行われる。物事がもつ意味は、物事そのものに備わっているのではなく、人々の間の相互作用の中から生じ、物事の処理において解釈され修正される。

4　社会は劇場に、そして行為する人間は演技者になぞらえる。そこでは人間は他者への印象とその結果とを考えて自己を演出する存在であり、他者との相互作用の中で自分の都合の良いように、身なり、言葉遣いなどの象徴を通して自己を提示する。

5　すべての社会秩序は、日常生活での人々の相互作用における意味付与的行為から成っている。人々の現実の言葉・身振りは、それが生起したコンテクストの中に置かれ解釈されることで、初めて確定した意味をもつのであり、社会学の研究対象はこうした解釈の過程である。

PointCheck

◉ H.G. ブルーマー ……………………………………【★★★】

アメリカの社会学者、社会心理学者。

ミードやクーリーの影響を受け、シンボリック相互作用論を創始した。

⑴シンボリック相互作用論（象徴的相互作用論）

言語などのシンボルを用いた人々の相互作用に注目し、**人々が自らの行為を意味づけ、また相互に解釈をするなかで意味を再構成していく過程を研究する**社会学の理論。

⑵シンボリック相互作用論の３つの前提

人間は物事が自分に対して持つ**意味にのっとって行為する**。
物事の意味は、個人とその仲間との間の**社会的相互作用から生ずる**。
物事の意味は**解釈の過程を通して修正される**。

◉**シンボリック相互作用論と構造―機能主義** 理解を深める ……………………………【★★☆】

ブルーマーがシンボリック相互作用論の立場を強調したのは、行為を社会システムにおける機能からとらえようとするパーソンズの構造－機能主義や、人々の相互作用における解釈や意味づけを無視して画一的な変数をあてはめる社会統計学による研究を批判するためだった。

知識を広げる

シカゴ学派とブルーマー

ブルーマーはシカゴ大学で学び、また長く教員を勤めた。いわゆる都市社会学のシカゴ学派（**Q46** 参照）のR.E. パークやE.W. バージェスの次の世代にあたる。

またブルーマーのもとからはE. ゴフマン、H.S. ベッカー、W.A. コーンハウザーらの優れた社会学者が育っている。

第1章
第2章
第3章
第4章
第5章
第6章
第7章

A15 正解－3

1－誤　主我と客我の相互影響による自我は、ミードの自我論（**Q14** 参照）。

2－誤　文化体系の内面化はパーソンズの理論（**Q11** 参照）。

3－正　物事の意味が人々のシンボルを介した相互作用において解釈されるというのはブルーマーのシンボリック相互作用論。

4－誤　社会生活を劇場や演技になぞらえるのは、ゴフマンのドラマトゥルギーの社会学（**Q21** 参照）。

5－誤　相互行為の分析から社会秩序の成立をとらえようとするのはガーフィンケルの創始したエスノメソドロジー（**Q22** 参照）。

Q16 マンハイム

問 **マンハイムに関する記述として、妥当なものはどれか。**　　(地方上級)

1　フランクフルト学派の中心人物であり、その著『イデオロギーとユートピア』において知識社会学を提唱し、マルクス主義者の高い支持を得た。
2　社会心理とイデオロギーの関係を論じ、社会心理を不断にイデオロギーへと転化する過程としてとらえ、これを「イデオロギーの貯水池」と呼んだ。
3　人間の知識や思想は、すべて社会的諸条件によって制約されるという「知識の存在拘束性」からイデオロギーをとらえた。
4　イデオロギーの相対化の程度に応じて、特殊的イデオロギーと普遍的イデオロギーとを区別し、マルクス主義は普遍的イデオロギーであるとした。
5　ナチス政権下のドイツからアメリカに亡命し、自由放任の立場から「自由のための計画」の実現をめざした。

PointCheck

◉**K. マンハイム** ……………………………………【★★★】

ハンガリー生まれの社会学者。ドイツに亡命するが、ナチス政権成立後イギリスに亡命。主著『イデオロギーとユートピア』。**存在拘束性の概念に基づく知識社会学を展開**した。部分的イデオロギーと全体的イデオロギー、特殊的イデオロギーと普遍的イデオロギーなどのイデオロギー論で知られる。

⑴存在拘束性

マンハイムの知識社会学の基礎には、**人間の知識や思考は、その人の置かれた歴史的・社会的位置に制約されている**という「存在拘束性」の概念がある。知識は、存在に拘束されたものとしてとらえられるとき、イデオロギーと呼ばれる。

⑵部分的イデオロギーと全体的イデオロギー

部分的イデオロギー
敵対者の主張の一部を、その心理の面からイデオロギーと指摘する。
全体的イデオロギー
敵対者の世界観全体を、その背後にある集団や社会の状況からイデオロギーと指摘する。

⑶特殊的イデオロギーと普遍的イデオロギー

特殊的イデオロギー
全体的イデオロギー概念を敵対者にのみ適用し、**自分自身のイデオロギー性を問わない。**
普遍的イデオロギー
敵対者だけでなく**自分自身のイデオロギー性を認める。**

※マンハイムはマルクス主義を特殊的イデオロギーとして批判した。

⑷相関主義

すべての知識がイデオロギーであるならば、それらの間に優劣はない、という立場をマンハイムは「相対主義」として退ける。マンハイムは**部分的真理であるイデオロギーを全体的観点から相関させることで真理に近づこうとする**「相関主義」を提唱し、その担い手として、階級を越えて自由に浮動するインテリゲンチャ（知識人）を想定した。

⑸ユートピア

マルクスはサン＝シモンやC. フーリエの社会主義を空想的（ユートピア的）社会主義として批判したが、マンハイムはむしろ、**社会をあるべき姿に変えていこうとする意識**をユートピア的意識と呼び、その重要性を指摘した。

A16 正解－3

1－誤　マンハイムはフランクフルト学派（**Q32** 参照）に属さない。また『イデオロギーとユートピア』はマルクス主義と対立的である。

2－誤　「イデオロギーの貯水池」はソ連の指導者だったブハーリンの言葉。

3－正　マンハイムの唱えた「知識の存在拘束性」について妥当な記述である。知識は存在に拘束されたものとしてとらえられるとき、イデオロギーと呼ばれる。

4－誤　マンハイムはマルクス主義を、自らのイデオロギー性を問わない特殊的イデオロギーであるとして批判した。

5－誤　マンハイムが亡命したのはアメリカではなくイギリス。また、自由放任主義の結果としての大衆社会が全体主義化するのを防ぐために「自由のための計画」を提唱した。

Q17 ミルズ

問 次の文章中A～Dに当てはまる語句の組合せとして、妥当なものはどれか。（国税専門官）

C.W. ミルズは、その著書『パワー・エリート』の中で、現代のアメリカ合衆国においては経済、（ A ）、政治の分野のエリートが（ B ）を支配しているとした。

一般的に、（ B ）という概念は、空間的に近接して集合行動を行う（ C ）や、市民社会における世論形成の主役として位置付けられる（ D ）とは異なった概念であるとされ、相互に匿名で社会的地位、階級、職業、学歴など異質な属性を持つ人々が、各地に散在しながらマス・メディアを媒介に一つの集合体を形成するというものである。

	A	B	C	D
1	軍事	公衆	群集	大衆
2	軍事	大衆	群集	公衆
3	軍事	大衆	公衆	群集
4	行政	公衆	群集	大衆
5	行政	大衆	公衆	群集

PointCheck

◉ C.W. ミルズ……………………………………………………………………【★★★】

アメリカの社会学者。

『ホワイト・カラー』『パワー・エリート』『社会学的想像力』などの著作で、社会や既存の社会学を批判するラディカル社会学を展開した。

⑴ホワイトカラー

ミルズは、**ホワイトカラー層は、疎外された存在であり、集団として組織化されていないために社会的政治的影響力を持ちえない**と論じた。

※ホワイトカラーとは、企業に雇用される労働者の中で、事務、販売、管理などに従事する人たちのこと。工場労働者などのブルーカラーと区別される。

⑵パワー・エリート

大衆社会化しているアメリカを支配しているのは、**経済・軍事・政治の領域で権力を独占しているパワー・エリート**であると論じた。

⑶ラディカル社会学

ミルズは、**個人の生活と社会の歴史を結びつける社会学的想像力**の重要性を説いた。パーソンズの構造－機能主義を誇大理論として批判した。

※ラディカル社会学の代表格としては、ほかにA.W. グールドナーがいる。

◉**群集・公衆・大衆**……【★★★】

群集（群衆）
共通の関心を持ち、同じ空間に集まった非組織的な集団。ル・ボンはその非合理性や非暗示性を指摘した。
公衆
空間的に散在しながら、マス・コミュニケーションの情報を利用して世論の担い手になる合理的な存在であるとタルドは論じた。
大衆
空間的に散在する異質な人々の非組織的な集団。マス・コミュニケーションや商品経済に対して受動的な存在。

※このような３類型として整理したのはブルーマー（**Q15** 参照）。

知識を広げる

ル・ボン、タルド、ギディングス

フランスの思想家 G. ル・ボン（1841 ～ 1931）は、心理学の視点から群集の心理を分析し、群集や群集による革命を非合理的なものと考え、社会心理学発展の道を作った。また、フランスの社会心理学者 J.G. タルド（1843 ～ 1904）は、新聞等のマス・コミュニケーションの普及によって、群集とは異なり合理的な行動が可能な公衆が成立したと説いた。

アメリカにおいて社会心理学の基礎を築いた F.H. ギディングス（1855 ～ 1931）は、タルドの研究に影響を受け、社会集団を、生成社会（血縁的・地縁的に自生的に発生）と、組成社会（特定の目的・活動のため人為的に作出）に分類した（**Q06** 参照）。

A17 正解ー2

ミルズは経済・軍事・政治の領域で権力を独占する人々をパワー・エリートと呼んだので、**A** には「軍事」が入る。また、アメリカの現状を大衆社会ととらえていたので **B** には「大衆」が入ると考えられる。

「空間的に近接して集合行動を行う」のは群集の特徴なので **C** には「群集」が入る。「市民社会における世論形成の主役」とは、タルドが論じた公衆の特徴なので **D** は「公衆」が入る。「相互に匿名」「異質な属性を持つ人々」「各地に散在」「マス・メディアを媒介に一つの集合体を形成する」という特徴は大衆に合致している。

Q18 準拠集団

問 準拠集団に関する記述として、妥当なものはどれか。 (国税専門官)

1 感情や気分、習慣、伝統、良心、信仰など生に基礎を持つ意志である本質意志によって結合した集団であり、そこでは、時に反発することがあるにしても、全人格をもって感情的に融合し、親密な相互の愛情と了解をもとに運命をともにする。
2 個人が、違和感や敵意を持ち、そこに所属する集団を「かれら」としてしか意識することができない集団である。個人が、帰属感や愛着心を持ち、そこに帰属する人を「われわれ」として意識する集団と対の概念である。
3 態度や意見の形成と変容において、自分を関連付けることによって影響を受けるような集団で、家族、友人集団、近隣集団など身近な所属集団から成ることが多いが、直接所属しない集団の影響を受けることもある。
4 職場仲間の集団、友人集団のように、個人的にコミュニケーションをとることが可能な関係を通じて公式な組織の内部に形成される集団で、人格的交流や心理的安定、是認を求める欲求が集団形成の動機となっている。
5 ある利益に関心をもつ人々が団結して、自己にかかわる特定の利益を達成するために議会や政府に働きかけ、政策決定に影響を与えるために力を行使する集団であるが、一般的に、影響力を行使した結果として生じる政治的責任は負わない。

PointCheck

◉準拠集団 繰り返し確認 ……………………【★★★】

個人が比較や同調の基準とする集団のこと。R.K. マートンによる理論化が有名。
準拠集団については以下の点に注意。

①準拠集団は、特定の集団だけではなく、階層や世代のような集合体でもよいし、個人でもよい。
②準拠集団は個人が実際に所属している集団だけでなく、将来所属を望む集団のように**実際には所属していない集団でもよい**。
③個人の準拠集団は複数でもよい。またそれらの間に葛藤がある場合もある。
④準拠集団は相対的不満や予期的社会化と関係している。

◉ W.G. サムナー(1840〜1910) ……………………【★★☆】

アメリカの社会学者。
内集団と外集団、フォークウェイズ、モーレスなどの概念で知られる。

(1)内集団と外集団

①内集団
「われわれ」という一体性を持った集団で、同胞愛や忠誠心が特徴。外部に対しては敵

対的で、エスノセントリズム（自集団中心主義）になりやすい。

②外集団

「かれら」と呼ばれ、敵意や闘争の相手とされる集団。内集団の結びつきが強いほど外集団には敵対的になりやすい。

⑵フォークウェイズ

集団において成員によって共有される慣習や習俗などの行動様式のこと。フォークウェイズのうち、それを守らないと社会の安全が脅かされると考えられるようになったものをモーレスという。

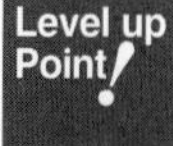

キーワードの意味を比較させるだけで、一気に合格を左右する問題にレベルアップする。じっくり読めば、ニュアンスの違いがわかってくる。準拠集団のように頻出の概念については、単にマートンという名前と結びつけて覚えるだけでなく、問われやすいポイントを整理して覚えておこう。最低でも3回、繰り返し問題演習をすること。

A18 正解－3

1－誤　「本質意志によって結合した集団」から、テンニースのゲマインシャフトに関する記述であることがわかる（**Q06** 参照）。

2－誤　「かれら」「われわれ」から、サムナーの外集団に関する記述であるとわかる。外集団の対概念は内集団。

3－正　準拠集団についての妥当な記述である。準拠集団は所属集団であるとは限らない。

4－誤　インフォーマル・グループに関する記述である。

5－誤　圧力団体に関する記述である。圧力団体の例としては、経済団体や労働組合などが挙げられる。

Q19 社会学の理論パラダイム

問 社会学の理論パラダイムに関する次の記述のうち、最も妥当なものはどれか。（国家一般）

1 闘争理論は、社会の成員間に存在する不平等ゆえに、社会が分裂していることを強調し、社会を闘争と変化の過程としてとらえる。社会変動の原動力を、人種間の闘争に求めたK.マルクスの社会理論は、この一例である。

2 構造－機能主義は、社会を、それを構成する各部分が、協働して連帯性と安定性を促進する複雑なシステムとみなす。機能要件分析のための枠組みとして、AGIL図式を提唱したT.パーソンズの社会システム論は、この一例である。

3 象徴的相互作用論は、社会を、身振りや言葉といったシンボルを媒介とする、人々の日常的な相互作用の産物とみなす。自我がもつ二つの側面（Iとme）の相互媒介性について考察したA.シュッツの現象学的社会学は、この一例である。

4 社会的交換理論は、人々の相互作用を報酬の交換過程としてとらえる。助言や是認の交換など、返報の義務が特定化されない社会的交換のインバランスから、権力関係が生じるとしたE.ゴフマンの理論は、この一例である。

5 合理的選択理論は、各行為者を、利得やコストの計算に基づいて選択肢を比較検討し、意思決定する存在とみなす。公共財の供給において生じるフリーライダー問題について提起したN.J.スメルサーの集合行為論は、この一例である。

PointCheck

◉パラダイム……………………………………………………………………【★☆☆】

科学史家T.S.クーン（米　1922～1996）が、『科学革命の構造』で提示した概念。ここでは科学者集団によって共有される理論的枠組みを指している。

◉交換理論……………………………………………………………………【★★☆】

個人や集団の間の社会過程を物質的、非物質的な報酬の交換としてとらえる社会学理論。ホマンズやブラウが代表的な論者。

⑴ G.C.ホマンズ（米　1910～1989）

社会的結合の過程は、個人の間の報酬や犠牲を伴う活動の交換であるとした。

⑵ P.M.ブラウ（米　1918～2002）

社会的交換は経済的交換と異なり、返報について特定化されない義務を持つ点に特徴がある。利益の供与に不釣合い（インバランス）が生じるとき、そこに権力関係が発生する。

◉合理的選択理論……【★★☆】

フリーライダー

公共財のコストを負担せず、他者の負担にただ乗りする人。個人の行為としては合理的だが、集団の成員の多くがフリーライダーとしてふるまうと、公共財の供給自体が不可能になる。このように、個人レベルでの合理的な行為が集合レベルで不合理な結果をもたらすことを社会的ジレンマという。経済学者のM. オルソンは『集合行為論』で公共財のフリーライダー問題について論じた。

知識を広げる

集合行動論

複数の人々による、一定の方向性を持った行動を集合的行動という。集合行動を扱う集合行動論はシカゴ学派のパークによって初めて論じられた（**Q46** 参照）。

N.J. スメルサー（米　1930～2017）

パーソンズ門下の社会学者。『集合行動の理論』で、群集行動や社会運動などの集合的行動に関する「価値付加プロセス」論を提示した。

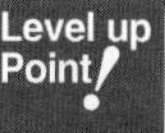

闘争理論、交換理論、合理的選択理論などは、公務員試験の社会学としては、やや専門的である。ここでは、構造－機能主義や、象徴的相互作用論といった、頻出の理論をしっかり押さえておくことで正答を導きたい。

A19　正解－2

1－誤　マルクスは社会変動の原動力を人種間の闘争ではなく、階級闘争に求めた（**Q03** 参照）。

2－正　システムの各要素がシステムの機能要件を満たすべく協働連関する過程を分析するのが構造－機能主義であり、パーソンズらのAGIL図式が有名である（**Q11** 参照）。

3－誤　I と me という自我の２つの側面を論じたのはミードである（**Q14** 参照）。象徴的相互作用論（シンボリック相互作用論）という言葉の創始者であるブルーマーは、ミードをその先駆者として評価した。ミードの哲学上の立場は、プラグマティズムと呼ばれるものである。

4－誤　ゴフマンの理論的立場は交換理論ではない。本肢は、ブラウの交換と権力に関するものである。

5－誤　フリーライダー問題を提起したのはオルソンである。スメルサーは、機能主義的な集合行動論で知られる。

Q20 地位と役割

問 地位と役割に関する次の記述のうち、妥当なものはどれか。 （国家一般）

1 達成的（獲得的）地位とは、本人の努力によって獲得される地位であるのに対して、属性的（帰属的）地位とは、本人の努力によっては変更不可能な地位である。
2 与党と野党、労働代表と経営代表のように、対立が期待され制度化されている役割関係のことを役割葛藤という。
3 役割距離とは、個人が期待される役割との間に距離をとることである。これは、個人の役割遂行能力が十分にある場合には生じない。
4 自分では能力が十分にあると思っているのに、それにふさわしい地位に就いていない人は、地位の不整合（非一貫性）の状態にある。
5 組織内の様々なポジションのうち、部下に命令する権限を有するものを地位、そのような権限を持たないものを役割という。

PointCheck

◉地位と役割……【★★★】

個人が他者との相対的関係において占める**社会的な位置**を地位という。それぞれの地位にふさわしいように、**集団や社会から期待される行動様式**を役割という。

◉属性的地位と獲得的地位……【★★☆】

文化人類学者R.リントン（米　1893～1953）は、性別、血縁、人種あるいはカースト制などの身分制にみられるような、**生まれながらにして決まる属性的地位**と、近代的な職業や学歴のような、**個人の才能や努力により、競争を通じて達成される獲得的地位**を区別した。

◉地位の不整合（非一貫性）……【★★☆】

ある面では高い地位にあるにもかかわらず、他の面では低い地位にいる、というように複数の地位の水準が一致していないこと。

例）学歴は高いが、収入は低い（あるいはその逆）など。

◉役割取得 繰り返し確認……【★★☆】

他者との関係を通じて、自分に期待される役割を獲得することを、G.H. ミードは役割取得と呼んだ（**Q14** 参照）。

◉役割距離 繰り返し確認 ……………………………………………【★★☆】

自分に期待される役割から逸脱した行動をあえてとってみせることを、E. ゴフマンは役割距離と呼んだ（**Q21** 参照）。

◉役割葛藤……………………………………………………………【★★☆】

1人の行為者に複数の異なる役割が期待されることにより、その対立・矛盾が行為者に与える心理的な葛藤。

例）働く母親にとって、仕事上の役割と母親としての役割が対立し、両立しない場合に葛藤が生じる。

Level up Point!

どの科目でも同じだが、基本的な用語を真正面から問う問題は難問となりやすい。地位や役割に関する諸概念を整理しておこう。地位や役割という言葉は日常語としても使われるが、社会学用語として用いられるときの意味の違いに注意したい。

A20 正解－1

1－正　属性的地位と獲得的地位についての妥当な記述である。属性的地位は生まれたときから決まっているものなので、努力によっては変更できないとされる。

2－誤　役割葛藤は1人の行為者に対立的な役割が期待されているときに生じる。本肢にあるような、別々の主体に対してはあてはまらない。

3－誤　役割距離はゴフマンが提示した概念である（**Q21** 参照）。役割距離は能力の欠如に対する防御的なふるまいの場合もある（例えば、自分の不得意なことに対して真面目に取り組まないことで面目を保とうとする）が、個人の役割遂行能力が十分であっても、その役割にとらわれない自分らしさを表現するために役割距離が示されることもある。

4－誤　地位の不整合とは、個人の能力と地位の間ではなく、複数の地位の間での不整合を意味している。

5－誤　地位や役割と、命令の権限の有無には直接の関係はない。

第3章 現代の社会学

Level 1 p48～p61　Level 2 p62～p67

1 アメリカの社会学

Level 1 ▷ Q21,Q22

20世紀後半のアメリカでは、構造－機能主義を批判する現象学的社会学やシンボリック相互作用論の流れをくむゴフマンやガーフィンケルの社会学が登場した。その特徴は、日常的な相互行為を社会学の研究対象とすることである。

(1) E. ゴフマン（米　1922～1982） ▶p48

①ドラマトゥルギーの社会学：行為を演技としてとらえる
②役割距離
③儀礼的無関心
④スティグマ

(2) H. ガーフィンケル（米　1917～2011） ▶p50

①エスノメソドロジー：人々の相互行為における秩序を研究する
・インデックス性：意味は文脈に依存する
・相互反映性：対象を記述することが対象を構成する
②違背（いはい）実験
③会話分析（H. サックスら）

2 ヨーロッパの社会学

Level 1 ▷ Q23～Q27　Level 2 ▷ Q28～Q30

ヨーロッパでは、近代や現代の意味を問う社会学や社会思想が盛んになった。

マルクス主義の影響を受けた批判的な理論のほか、構造主義（**Q30**）の立場から、現代社会を記号論的に読み解く研究が現れた。

(1) A. ギデンズ（英　1938～　） ▶p52

①構造化理論
構造の二重性：構造は行為の条件であり、帰結でもある
②再帰的近代化
③二重の解釈学としての社会学
④純粋な関係性
⑤第三の道

(2) J. ハーバーマス（独　1929～　） ▶p54

①コミュニケーション的行為：言語による相互了解、コミュニケーション的合理性
②生活世界の植民地化：道具的合理性が生活世界にまで入り込むこと
③討議倫理学

(3) N. ルーマン（独　1927～1998） ▶p55

パーソンズの影響を受けた独自の社会システム理論。
①複雑性の縮減

②オートポイエーシス

⑷ J. ボードリヤール（仏　1929～2007）▶p56

モノ＝記号消費

※関連

・T. ヴェブレン「誇示的消費」

・J.K. ガルブレイス「依存効果」

・J.S. デューゼンベリー「デモンストレーション効果」

⑸ P. ブルデュー（仏　1930～2002）▶p58

文化的再生産：文化的な面での階級の再生産

①文化資本

②ハビトゥス：後天的に身につけるふるまいや考え方の性向

③ディスタンクシオン（差異化）

⑹ M. フーコー（仏　1926～1984）▶p60

①狂気の歴史：近代における狂気の排除

②知の考古学

③パノプティコン：刑務所などの一望監視施設

④生－政治

Q21 ゴフマン

問 E. ゴフマンの業績に関する記述として、妥当なものはどれか。 （国税専門官）

1 各社会の示す固有の自殺率を、社会経済的・道徳的環境の状態によって説明することに努め、その社会的原因との関連でアノミー的自殺、宿命的自殺、自己本位的自殺、集団本位的自殺の四類型を提示した。

2 都市は中心地区から放射状に発展し、遷移地帯、労働者居住地帯、副都心を含む中流階級居住地帯、高所得者住宅地帯が同心円をなし、これらの地帯は互いに棲み分けしているとする同心円地帯理論を唱えた。

3 「鏡に映った自己」という概念を提示し、他人との直接接触の過程において、自分の行動に他人がどのような反応を示し、それによって自分がどういった意識を持つかによって、人間の自我が形成されるとした。

4 社会理論と社会調査の関係を研究テーマの一つとし、「壮大な抽象的理論」と「日常的調査のために展開されている小さな作業仮説」とを媒介する中範囲の理論を唱え、社会学における理論と実証の統合を図った。

5 人々は対面的相互行為において、様々な印象操作を行っており、その意味において、演劇における俳優の演技やその演出法と同様の観点から把握し得るとする、ドラマトゥルギーという方法を提示した。

PointCheck

◉E. ゴフマン ……………………………………………………………………【★★★】

カナダ生まれ、アメリカの社会学者。

社会生活における他者との相互作用を「演技」としてとらえるドラマトゥルギーの社会学で知られる。

⑴ドラマトゥルギー

ゴフマンは、人々が社会のさまざまな領域（学校、会社、病院など）で、その場に適した行動をとっていることを、「演技」になぞらえた。**ドラマトゥルギーとはそのような「劇場」としての社会生活における、「俳優」としての行為者の自己「演出」の方法のこと**である。演技によって、他者が自分に対して抱く印象をコントロールしようとすることを印象操作という。

注意すべきなのは、ドラマトゥルギー（劇作術）といっても、演出し印象を操作して、人を欺く（あざむく）ことではないという点である。俳優にとって舞台は家庭、学校、会社とさまざまであり、求められる役柄は異なる。それらの舞台に合わせ、上手に自分を提示し、印象を操作する技術ということである。

⑵役割距離

人々は、その場で自分に期待されている役割を演じているが、あえてその**役割から外れる言動**をとることがある。それが役割距離をとることである。例えば、子どもが危険な悪ふざけをすることで、もっと小さな子どもとは違うことをみせようとしたり、外科医が手術中に冗談を言うことで場の緊張をやわらげたりするなどである。

ゴフマンのいう役割とは、T. パーソンズのような社会システム・構造の重要な要素としてのものではなく、行為者による計算された状況的行為である。したがって、自己の置かれた客観的役割と自己の内面的欲求との距離である役割距離は、すべて等距離とはならない。例えば、Aさんには、家庭では夫や父親、会社では代表取締役という役割があるが、「Aと家庭」と「Aと会社」の役割的距離は異なる。「Aと会社」の役割距離が近づくことで、「Aと家庭」の役割距離が離れる事態もある。

⑶儀礼的無関心

見ず知らずの人たちが同じ場にいるとき、互いに好奇の目を向けたり干渉したりしないことで、悪意や敵意、気まずさなどがないことを示すこと。それは本当に関心がないわけではなく、一種のマナーである。ゴフマンはこれを儀礼的無関心と呼んだ。他者と場を共有するときには、このような相互行為儀礼が行われている。

⑷スティグマ

社会集団によって個人に負わされる「好ましくない違い」を、ゴフマンはスティグマと呼んだ。例えば身体の障害や性別、人種などに対する差別的なレッテルがこれにあたる。

スティグマ（痕跡）とは、奴隷や犯罪者の入れ墨や焼き印を意味するが、ゴフマンはこのスティグマを強調することで社会からの逸脱が生じるとした。

A21 正解－5

1－誤　デュルケムの『自殺論』に関する記述である。ただしデュルケムが主に扱ったのは、自己本位的自殺、集団本位的自殺、アノミー的自殺の3つの類型であり、宿命的自殺については注で触れているだけである（**Q04** 参照）。

2－誤　同心円地帯理論を唱えたのは、シカゴ学派の都市社会学者バージェス（**Q50** 参照）。

3－誤　「鏡に映った自己」はクーリーによる概念（**Q06** 参照）。

4－誤　中範囲の理論を唱えたのはマートン（**Q12** 参照）。

5－正　相互行為における印象操作を「演技」としてとらえたゴフマンのドラマトゥルギー論についての妥当な記述である。

Q22 エスノメソドロジー

問 エスノメソドロジーに関する記述として、妥当なものはどれか。 (地方上級)

1 ガーフィンケルは、従来の構造機能主義を肯定し、この構造機能主義の理論を発展させてエスノメソドロジーを創始した。
2 ガーフィンケルは、エスノメソドロジーを、社会のメンバーがもつ日常的な出来事やメンバー自身の組織的な企図をめぐる知識の体系的な研究であるとした。
3 サックスは、「社会的世界の意味構成」を著し、エスノメソドロジーの目的は、日常世界における自明のものを疑うことであるとした。
4 エスノメソドロジーの分析方法として、ガーフィンケルが会話分析を考案し、サックスが、この会話分析を応用して違背実験を考案した。
5 エスノメソドロジーでは、人々の日常的な言語使用の特徴としてインデックス性が指摘されたが、相互反映性は客観性に欠けるため否定された。

PointCheck

◉ H. ガーフィンケル ……………………………………【★★★】

アメリカの社会学者。エスノメソドロジーの創始者。

⑴エスノメソドロジー

人々が日常生活を構成するのに用いている方法を具体的に検討することで、相互行為における秩序の成立を明らかにしようとする社会学の立場、またその研究法。

エスノメソドロジーでは、日常的な行動と会話の分析が中心となる。それは、日常生活における人間の行為と発話が、状況に依存し、社会的な文脈に依存して、その中で意味が生成、付与されているからである(「社会は細部に宿る」)。

例えば、わたしたちは、自宅、学校、サークル、会社などでそれぞれ異なる行動をするが、それは、それぞれの行動のルールに従っていることを意味する。しかし、自宅に戻ったときに、ちょうど家人がけんかをしている場合と、仲よくテレビを観ている場合とでは、わたしたちの行動は異なる。このように、行動を決定するのはルールよりも、その場その場の状況判断である。

⑵インデックス性

日常活動における行為や発言の意味は、状況や文脈によって決まる。この状況依存性、文脈依存性のことをエスノメソドロジーではインデックス性と呼ぶ。

⑶相互反映性

社会における何かしらの事象を記述したり説明したりするとき、実はその**記述や説明自体がその事象を構成する一部になっている。**このことをエスノメソドロジーでは相互反映性と呼ぶ。

⑷違背実験

例えば、相手の発言の意味をいちいち聞き返すなど、「常識」に背いた行動をとることで、常識的と思われることが、いかにして相互行為によって達成されているかを明らかにするためにガーフィンケルの考案した方法。

⑸会話分析

日常会話における秩序の成立を明らかにするために、エスノメソドロジーで用いられる方法。会話をそのままの形で録音・記述し、そこで行われている発言の順番取りなどが分析される。H. サックスらによって確立された。

◉「エスノメソドロジー」の由来 理解を深める ……………………………………………【★☆☆】

エスノメソドロジーという言葉はガーフィンケルの造語である。「エスノ」は通常、「民族の」という意味で用いられるが、彼はこれに「ある社会のメンバーが持つ、その社会についての常識的知識」という意味をこめている。そして「メソドロジー」とは「方法論」という意味であるから、エスノメソドロジーとは、人々の常識的な行為の仕方を研究するものという意味になる。

民族学（エスノロジー）や、民族誌（エスノグラフィー）と混同しないように。

A22 正解ー2

1ー誤　ガーフィンケルはパーソンズの門下生だが、むしろシュッツの現象学的社会学を継承しており、構造ー機能主義には批判的である。

2ー正　エスノメソドロジーは、日常生活や社会的相互行為において常識とされている秩序を問い直そうとする。

3ー誤　『社会的世界の意味構成』を著したのは、現象学的社会学のシュッツである。

4ー誤　ガーフィンケルが違背実験を、サックスが会話分析を考案した。

5ー誤　インデックス性、相互反映性ともにエスノメソドロジーの分析で用いられる概念である。

Q23 ギデンズ

問　ギデンズの構造化理論に関する次の文の空欄A～Cにあてはまる語句の組合せとして、妥当なものはどれか。　　(地方上級)

構造化理論において、構造とは、社会システムを再生産するための個人が依拠する（　A　）と（　B　）であると定義される。行為者は、（　A　）と（　B　）という構造特性を用いることによって他者との間に行為を形成する。他方、その構造特性は、行為によって個々の具体的場面で再生産されていく。このような行為と構造特性との相互的な関係を、構造の（　C　）とよんだ。

彼は構造化理論を通して、個人と社会の二分法的な見方の克服を図り、個人と社会とは相互に基礎づけられていることを示した。

	A	B	C
1	権力	経済	二重性
2	権力	資源	連続性
3	規制	技術	従属性
4	規制	資源	二重性
5	知識	技術	従属性

PointCheck

◉ A. ギデンズ ……【★★★】

イギリスの社会学者。

構造化理論や近代化論のほか、「第三の道」と呼ばれる政策提言で知られる。

著書に『社会学の新しい方法基準』『近代とはいかなる時代か』『第三の道』などがある。

(1)構造化理論

ギデンズは、パーソンズらの構造－機能主義とシュッツやガーフィンケルらの主観的な社会学の双方を批判して、これらを総合する理論である構造化理論を提示した。それによると、**構造とは行為の条件であるだけでなく、行為の帰結でもある**（構造の二重性）。ここでいう構造とは、行為者に対する社会システムの特性としての規則と資源であり、行為者は「構造」という枠の中で主体的に行為することができる。

(2)再帰的近代化

ギデンズによれば、近代化とは、時間と空間との分離、脱埋込み化（脱伝統化）、再帰性の増大という変化である。近代的な意識や制度それ自体が近代化の対象となることを再帰的近代化という。

⑶二重の解釈学

社会学が研究対象とする社会的行為者は、それ自身が社会を認識し解釈している。よって社会学は、それらの**社会的行為者の認識枠組みを社会学的枠組みで再解釈する**という、「二重の解釈学」にならざるをえない。

⑷純粋な関係性

近代化における性愛の変化を分析するなかで、ギデンズは「嗜癖的関係」と「親密な関係」を区別し、対等な関係性としての「親密な関係」を築くためには、**相手と社会関係を結ぶこと自体を目的とした社会関係**としての「純粋な関係性」が重要であると指摘した。

⑸第三の道

ギデンズは労働党ブレア政権のブレーンとして、旧来の社会主義とも新自由主義とも異なる、新しい社会民主主義を目指す、「第三の道」を提唱した。

A23 正解－4

ギデンズの構造化理論に関するキーワードが問われている。ギデンズは構造を行為者にとっての規則と資源としてとらえた。また、構造が行為を条件づけながら、それによって再生産されることを、構造の二重性という。

Q24 ハーバーマス／ルーマン

問 ハーバーマスの理論に関する記述として妥当なものは次のうちどれか。 （地方上級）

1　現代までのコミュニケーション的合理性の果たした役割を評価しつつ、今後は客体の制御可能性上昇のための道具的理性の拡充を図るべきであるとした。
2　社会秩序の確立は、システム形成によって環境世界の複雑性の縮減を図る自己準拠システムの選択的働きの結果であるとした。
3　システムはそれ自体が内部で自己の能力を判断しつつ変化していくとして、オートポイエーシスという視点を提供した。
4　機械、生物、社会などの組織体において、コミュニケーションと制御という問題を統一的に理解しようとする、サイバネティックスを提唱した。
5　現代社会の病理は、経済システムや国家行政システムが生活世界を抑圧している点にあるとし、これをシステムによる生活世界の植民地化と表現した。

PointCheck

◉J. ハーバーマス ……【★★★】

ドイツの社会学者、哲学者。
フランクフルト学派第２世代に属する。
著書に『公共性の構造転換』『コミュニケーション的行為の理論』など。

⑴コミュニケーション的行為

何かしらの成果を得るために目的合理性に基づいて行われる道具的行為に対して、**行為者が互いに言語によって理解しあうような行為**を、ハーバーマスはコミュニケーション的合理性に基づくコミュニケーション的行為と呼んだ。

⑵生活世界の植民地化

ハーバーマスは、コミュニケーション的行為が行われる場を生活世界と呼び、目的合理的なシステムと区別する。**現代社会においては、生活世界がシステムの目的合理性に侵食されている**とし、それをシステムによる生活世界の植民地化と呼んだ。

⑶討議倫理学

ハーバーマスは、行為の規範は、平等な参加者が理想的発話状況において討議を重ね、同意に至ることによって決定されるべきだと考えた。

◉N. ルーマン ……【★★★】

ドイツの社会学者。
パーソンズの構造－機能主義を継承し、独自の社会システム理論を展開した。
著書に『権力』『信頼』『社会システム理論』など。

⑴複雑性の縮減

ルーマンの社会システム理論の特徴は、社会システムを世界の複雑性を縮減し、自らシステムの内部と環境の作り出すものとした点である。社会は二重の条件依存性（**Q28**参照）により不確定性に満ちている。**社会システムはそのような不確定性や複雑性を縮減することで、例えば私たちが社会的行為を行うことを可能にしている。**

⑵オートポイエーシス

ルーマンは**社会システムを自己産出的なものととらえ、このことをオートポイエーシスという言葉で表現**した。自己産出とは、自分で自分を作り出すという意味で、例えば心的システムにおいては、今考えたことが次の思考を生み出し、それがまた次の思考を生み出し……というように、他のシステムに依存せずに自己を産出し続けることができる。システムの状態は、システムの外部である環境ではなく、自己自身に基づくので自己準拠的社会システム（円環的システム）とも呼ばれる。

A24 正解－5

1－誤　ハーバーマスは、道具的理性に代わり、コミュニケーション的合理性の重要性を指摘した。

2－誤　複雑性の縮減を図る自己準拠システムとは、ルーマンの社会システム概念である。

3－誤　オートポイエーシスは、ルーマンが用いた概念である。

4－誤　サイバネティックスとはアメリカの数学者ウィーナーの提唱した概念で、さまざまなシステムを一般的枠組みで説明しようとするものである。サイバネティックスの概念を社会システム理論に応用したのはルーマンであり、ハーバーマスはルーマンとの論争においてこれを批判した。

5－正　ハーバーマスは、システムによる生活世界の植民地化を問題にした。

Q25 ボードリヤール

問 **ボードリヤールの消費社会論に関する記述として、妥当なものはどれか。**（地方上級）

1　彼は、生産と消費にみられる現代の特徴について、人間の欲望は生産に依存するもので独立のものではないとする依存効果という概念であらわした。
2　彼は、有閑階級の人々の消費について分析し、生産と消費との関係を生産力とその統制という唯一の同じ巨大な過程としてとらえた。
3　彼は、消費の目的は、他人に対して自己の社会的地位を確認させること、あるいは、地位上昇への願望を託すことにおかれているとした。
4　彼は、現代社会における消費とは、個人や集団の単なる権威づけの機能ではなく、モノの機能的な使用や所有であるとした。
5　彼は、消費は言語活動であり、消費者は、無自覚のうちに差異のシステムと記号のコードに組み込まれているとした。

PointCheck

◉ J. ボードリヤール ……………………………………………【★★★】

フランスの社会学者。
『消費社会の神話と構造』など、記号論を導入した社会分析で知られる。

モノ＝記号の消費

ボードリヤールは、 現代社会の消費を次のようにとらえた。

・**消費はもはやモノの機能的な使用や所有ではない。**
・**消費はもはや単なる権威づけの機能ではない。**
・**消費は記号のコードつまり言語活動である。**

つまり、人々はモノ＝記号の消費を通して、他者との差異を表示する。何を消費しているかが、その人や集団を他から区別する記号となっているのである。

◉消費に関するその他の理論……………………………………………【★★★】

⑴誇示的消費

アメリカの経済学者 T. ヴェブレン（1857 ～ 1929）は、『有閑階級の理論』において誇示的消費（顕示的消費・衒示（げんじ）的消費）の概念を示した。

誇示的消費とは、**豊かな財産を持つ有閑階級が、高価な財の消費によって自分の富と社会的地位を示すこと**。見せびらかしの消費である。

⑵依存効果

アメリカの経済学者 J.K. ガルブレイス（1908 ～ 2006）は、『ゆたかな社会』において、依存効果の概念を示した。

依存効果とは、**消費者の欲望が、必要によってではなく、宣伝や販売努力といった企業の**

生産活動によって作り出されることである。

⑶デモンストレーション効果

アメリカの経済学者 J.S. デューゼンベリーは、**個人の消費はその人と交流のある人々の消費の水準に依存する**というデモンストレーション効果を定式化した。

知識を広げる

記号論

F. ソシュール（**Q30** 参照）の構造言語学の影響を受けて、さまざまな社会現象や事物を「記号」としてとらえ、その意味を読解していく記号論が、1960 年代からフランスを中心に盛んになった。ボードリヤールのほか、R. バルト（1915 ～ 1980）などが有名。

A25 正解－5

1－誤　依存効果という概念を示したのはガルブレイス。
2－誤　有閑階級の消費について分析したのはヴェブレン。
3－誤　ヴェブレンの誇示的消費についての記述。
4－誤　ボードリヤールは、消費はもはやモノの機能的な使用や所有ではない、とした。個人や集団の単なる権威づけではないというのは正しいが、消費が差異化のための記号の消費になったとボードリヤールは論じている。
5－正　消費は言語活動であるというボードリヤールの消費社会論の妥当な記述である。

Q26 ブルデュー

問 消費行動・文化に関する次の記述のうち、妥当なものはどれか。 (国家一般)

1 実際には経済力がないのに、経済力があるかのように見せかけて、社会的名声を獲得しようとする行動をT. ヴェブレンは誇示的消費と呼んだ。彼は、匿名性の高い都市社会においては、互いに他人の経済力を正確に知ることはできないから、没落した有閑階級が誇示的消費によって社会的名声を維持していると批判した。

2 大量生産社会においては、製品が規格化され画一的になるため、個性的な消費が困難になる。しかし、画一的な消費に満足できない消費者は小さな差異に敏感になり、少しだけ他者と差別化を図ろうとする。D. リースマンは、『孤独な群衆』において、内部志向型人間の持つこのような消費者心理を「限界的差異化」と呼んだ。

3 豊かな社会においては、様々な様式で消費への欲望がかき立てられる。マス・メディアに接触することで消費の欲望がかき立てられることを、J. デューゼンベリーは「デモンストレーション効果」と呼んだ。これに対し、友人や隣人など、身近な人の消費行動に接して消費の欲望がかき立てられることを、J. ガルブレイスは「依存効果」と呼んだ。

4 高度情報社会においては、価値の源泉はもはやモノではなく、音楽や画像などの情報である。このような情報の持つ価値をJ. ボードリヤールは「記号価値」と呼び、記号価値を消費することを「記号消費」と呼んだ。自動車のグレードや装飾品のブランドは記号価値を持たないが、ゲームソフトやビデオソフトには記号価値があるとされる。

5 上流階級の趣味は「洗練」されているが、下層階級の趣味は「低俗」であるというように、趣味にも階層による差異がある。このような現象に注目したP. ブルデューは、出身階層における文化資本の違いが趣味にみられるような審美的な感覚にまで影響を及ぼし、ハビトゥスの形成を通じて社会階層が文化的に再生産されていると論じた。

PointCheck

◉ P. ブルデュー ……………………………………【★★★】

フランスの社会学者。
文化資本の概念により、階級の再生産を論じた。
著書に『再生産』(共著)『ディスタンクシオン』『実践感覚』など。

⑴文化資本

学校のようにどの階級・階層にも平等に開かれたようにみえる制度でも、実際には上層の出身者のほうが有利である。それは、家庭や学校で半ば無意識に身につけた知識や習慣が有利に働くからである。ブルデューは、経済的な資本とは別の、しかし**階級構造を再生産するような文化的な要素**を文化資本と呼び、文化的再生産を論じた。

⑵ハビトゥス

与えられた社会環境の中で個人が後天的に身につける、ふるまいやものの見方などの性向をハビトゥスという。ブルデューは社会的行為の実践（プラティック）をハビトゥスにより説明した。文化資本の１つとされる。

⑶ディスタンクシオン（差異化）

文化的洗練によって、自己を他者よりも卓越したものとして差異化すること。上流階級では、生活上の必要ではなく、審美的な面から物事をとらえることで、洗練された文化を持つ。上流階級の成員はそのような洗練を身につけることで、自己を庶民階級より卓越したものとして差異化するという構造が存在していることをブルデューは指摘した。この差異化は、文化的趣味を誇示しようという意図的なものではなく、無意識的な性向（ハビトゥス）によるものである。

◉ I. イリイチ ……………………………………………………………【★☆☆】

イリイチは、産業社会の進展による学校、交通、医療などの産業部門を「学校化」「加速化」「医療化」という概念で批判し、それに代わる概念として、サブシスタンス、ヴァナキュラー、コンヴィヴィアリティを提唱する。

①サブシスタンス：産業社会に対置される人間生活の自律的基盤のこと

②ヴァナキュラー：歩いて１日で帰ることができる生活空間において、その土地に根差した文化的・生存的価値のこと

③コンヴィヴィアリティ：ヴァナキュラーな領域で維持される民衆の自律協働性のこと

A26 正解ー5

1ー誤　経済力のある有閑階級が､その富と名声を見せびらかすのが誇示的消費である。都市はそのような誇示的消費の競争の場である（**Q25** 参照）。

2ー誤　内部志向型人間は、リースマンの示した性格類型の１つだが、限界的差異化は他人指向型人間の特徴である（**Q31** 参照）。

3ー誤　デューゼンベリーの「デモンストレーション効果」とガルブレイスの「依存効果」の記述が逆になっている（**Q25** 参照）。

4ー誤　ボードリヤールのいう記号価値とは、音楽や映像などの情報を意味するのではなく、差異を表示する働きである。よって自動車のグレードや装飾品のブランドは記号価値を持っているといえる（**Q25** 参照）。

5ー正　文化資本、ハビトゥス、再生産などがブルデューの社会学のキーワードである。

Q27 フーコー

問 M. フーコーに関する記述として、妥当なものはどれか。（地方上級）

1 「狂気の歴史」において、カントの批判哲学の影響を受け、考古学的手法による西欧近代社会の分析を行い、西欧近代において「狂気」が社会から排除されることなく、社会に受容されていった過程を明らかにした。
2 「言葉と物」において、言説の分析を通して、知の全体的な枠組みであるエピステーメは、16世紀以降の西欧社会では安定しており、歴史的変動はなかったと主張した。
3 「消費社会の神話と構造」において、消費社会の構造を記号論的に分析し、現代における消費とは、欲求による経済的消費ではなく、欲望による記号＝モノの消費であると定義した。
4 「再生産」において、社会化の過程における一定の規則性の上に個人の行動を方向づけるメカニズムをハビトゥスとよび、社会構造の再生産を可能にする機能を説明した。
5 「監獄の誕生」において、ベンサムの考案したパノプティコンとよばれる囚人の監視装置の説明を通して、近代社会における規律＝訓練型の権力論を展開した。

PointCheck

◉ **M. フーコー** ……【★★☆】

フランスの哲学者。

「知の考古学」と呼ばれる方法で、西欧文化における知（エピステーメー）や権力のあり様を論じる著作を残した。

著書に『狂気の歴史』『言葉と物』『知の考古学』、『監獄の誕生』など。

(1)狂気

フーコーの『狂気の歴史』によれば、**西欧近代の「理性」が「狂気」を社会からの排除の対象として成立**させ、精神病院などの制度を生んだという。

(2)知（エピステーメー）

フーコーは、ある時代の人々の認識の基礎にある知識の体系をギリシャ語に由来するエピステーメーの語によって指し示した。そのような**「知」（エピステーメー）は時代によって変化する**ものであり、西欧近代の知のあり方の成立を『言葉と物』『知の考古学』などで論じた。

(3)パノプティコン

フーコーが『監獄の誕生』で取り上げた一望監視施設のこと。J. ベンサムが考案した刑務所などの施設を、統制された社会システムのモデルとしてフーコーが言及したものである。

囚人からは看守の姿は見えないが、看守からは囚人の姿が見えるような構造のため、囚人は自分がつねに監視されているように感じ、次第に**自ら規律を身につける**ようになる。監獄だけでなく、近代における学校や病院などでも同じようにして権力が人々に内面化される。

⑷生ー政治

フーコーは『知への意志』において、西欧において性（セクシュアリティ）がどのように扱われてきたかを論じている。西欧近代では、人々の性は科学の対象として語られるようになった。そうして権力は、健康や人口という問題を通して人々の「生」を管理するようになった。これを生ー政治と呼ぶ。

◉内面化 理解を深める ……【★★☆】

内面化とは、**個人が社会から与えられた価値や規範を自分のものとして違和感なく身につけること**をいう。初めは強制されて従っていた決まりに次第に慣れていき、ついには自発的に決まりに従ったり、疑いを持たなくなったりすることがこれにあたる。パーソンズ（**Q11** 参照）は社会秩序の成立を規範の内面化によって説明したが、フーコーなどの現代思想では、内面化を通して行われる隠れた権力の行使が批判の対象となる。

A27 正解ー5

1ー誤　フーコーの『狂気の歴史』は、西欧近代において「狂気」が社会から排除されるようになったと論じている。

2ー誤　フーコーの『言葉と物』は、16 世紀以降に、西欧近代の知（エピステーメー）が大きく変化したと論じている。

3ー誤　『消費社会の神話と構造』を著したのはボードリヤール（**Q25** 参照）である。

4ー誤　『再生産』を著したのはブルデュー（**Q26** 参照）である。

5ー正　パノプティコン（一望監視施設）が規律＝訓練型の権力を表しているとするフーコーの『監獄の誕生』についての妥当な記述である。

Q28 行為と社会構造

問　行為と社会構造に関する次の記述のうち、妥当なものはどれか。（国家一般）

1　M. ウェーバーは、社会的行為を解釈によって理解するという方法で、社会的行為の帰結を因果的に説明することを社会学の課題とした。ここで、社会的行為とは、多くの人々が同じ行動をとることと定義されている。したがって、雨が降ってきたときに大勢の人が一斉に傘を開くのは社会的行為である。

2　É. デュルケムは、法や規範のように個人にとって外在的で拘束的なものを社会的事実と呼び、社会学的研究は、社会的事実をモノのように扱わなければならないと説いた。しかし、社会的事実は自然科学と同じような方法で研究することはできず、文化科学として独自の方法論が必要であると論じた。

3　T. パーソンズは、複数の行為者から成る相互行為のシステムを社会システムとしてとらえ、人々が自発的に行為しているにもかかわらず社会システムに秩序がみられるのは、行為者が制度化された価値や規範を内面化し、それらに従いつつ各自の目的を追求しているからだと論じた。

4　J. ハーバーマスは、社会における規範的構造の妥当性がどのようにして保証されるのかを問題とし、理想的な発話状況においては、コミュニケーション的行為によって、規範的構造に関する合意が形成可能であると論じた。しかし、コミュニケーション的行為ができるのはエリートだけであるから、大衆を含めた規範的合意形成はできないと考えた。

5　A. ギデンズは、構造が行為の条件であるとともに帰結でもあることを二重の条件依存性と呼んだ。構造とは社会システムを組織化している規則と資源であり、構造がなければ行為することは不可能である。行為者は、構造に関して十分な知識を持ち合わせていて、それに基づいて行為し、その帰結として、構造が再生産されるとした。

PointCheck

◉ウェーバーの理解社会学　繰り返し確認 ……………………………【★★★】

M. ウェーバーの理解社会学は、**行為者自身の行為の動機を理解することにより、社会的行為を因果的に説明しようとする**ものである。

◉理想的発話状況……………………………………………………【★★☆】

J. ハーバーマスの討議倫理学において、外からの制約や支配を受けない、平等で自由なコミュニケーションが成り立つような条件のこと。このような状況でなされた合意こそが真の合意であるとされる。

◉二重の条件依存性……………………………………………………………【★★☆】

相互行為においては、自分の行為に対して相手がどう反応するかは不確定である。しかし、相手にとってもまた同じように、こちらがどのように反応するかは不確定である。このように、お互いにとって相手の行為や期待が不確定な状況を、二重の条件依存性（ダブル・コンティンジェンシー）という。T. パーソンズや N. ルーマンの社会システム論における用語である。

Level up Point! 誤った選択肢には、論者と理論の組合せについて正しく述べられてはいるが、細かい点に誤りがあるものがある。そのような場合は、選択肢の記述の内部に矛盾や論旨の不備がないか検討するとよい。じっくり読み込む練習も重要。

A28 正解－3

1－誤　ウェーバーの理解社会学は、社会的行為とその帰結を因果的に説明しようとするものである（**Q02** 参照）。ここでいう社会的行為とは、他の人々の行動に向けられたものであって、物体の行動に向けられている行為は社会的行為とはいえない。また、ウェーバーは、社会的行為は、大勢が同じ行為をすることとも、他人の行動に影響を受けた模倣とも違うと述べている。つまり、行為者にとって他者と関係があるような動機が存在しなければ、社会的行為とはいえない。よって、単に「雨が降ってきたときに大勢の人が一斉に傘を開く」だけでは、行為は雨という物体が対象であると考えられるので、社会的行為とはいえない。ただし、「雨の中を濡れて歩いていたら、他の人から変に思われる」などの理由で傘を差すのであれば社会的行為といえるだろう。

2－誤　肢の前半は、デュルケムの社会的事実についての妥当な記述だが、社会的事実をモノのように扱うということは、自然科学と同じような実証的方法を適用するということであり、肢の後半は矛盾する（**Q04** 参照）。

3－正　社会秩序はいかにして可能かという問題に対して、パーソンズは社会契約説ではなく規範の内面化によるとした（**Q11** 参照）。

4－誤　コミュニケーション的行為ができるのはエリートだけ、とするのが誤り（**Q24** 参照）。

5－誤　本肢で述べられているのは、二重の条件依存性ではなく、ギデンズの構造化理論における構造の二重性である。二重の条件依存性（ダブル・コンティンジェンシー）について論じたのはパーソンズやルーマン。

Q29 行為の諸理論

問 社会的行為に関する次の記述のうち、最も妥当なのはどれか。 (国家一般)

1 T.パーソンズは、人間の行為を説明するためにパターン変数（型の変数）という概念を用いた。これは、人々が共有価値に基づきながら自発的な行為を繰り返すことで行為の多様性が減じ、次第に一定のパターンに収斂することを示すものである。

2 N.ルーマンは、行為者たちが互いの行為を予期しあって行為するダブル・コンティンジェンシー状態の不安定性や不確実性に注目した上で、社会システムには過度の複雑性を縮減していく機能があると説いた。

3 P.ブルデューは、実践的・慣習的行為の積み重ねによって形成される態度をハビトゥスと名付けた。そして、人々はこのハビトゥスを土台とすることで、社会構造とは無縁な行為を自由に展開することができるとした。

4 R.K.マートンは、社会における相互行為の分析は複雑性が非常に高く困難であるとして、社会学における研究対象を、主としてミクロレベルとマクロレベルの中間に限定する中範囲の理論を批判し、より抽象度の高い一般型論を構築することが重要であると主張した。

5 J.S.コールマンは、人間の合理的な行動に着目し合理的選択理論を展開した。この理論において想定されている典型的な行為者は、各行為者が属する社会の価値・規範を内面化し、他者の利害を考慮しつつ適切に行為する理性的な行為者である。

PointCheck

◉ M.ウェーバーの社会的行為の4類型 繰り返し確認 ……【★★★】

感情的行為
伝統的行為
価値合理的行為
目的合理的行為

◉ V.パレートの非論理的行為の4類型 ……【★☆☆】

主観的目的なし／客観的目的なし	（儀礼、慣習）
主観的目的あり／客観的目的なし	（魔術的行為）
主観的目的なし／客観的目的あり	（本能的行為）
主観的目的あり／客観的目的あり	（ただし両者が不一致）

◉**主意主義的行為理論**……………………………………………【★★☆】

T. パーソンズの行為理論。**個人の主体的で能動的な行動は、個人に内面化された社会の価値（共有価値）や規範に基づいており**、個人の行為選択の自由はその中で発揮される。つまり、行為は単純に合理的に決まるのでも、規範によって直接的に決まるのでもない。

◉ **P. ブルデューの行為理論** 繰り返し確認 ……………………………【★★☆】

ブルデューは、**社会生活上身についた無意識的なふるまい方であるハビトゥス**を、階級の再生産と結びつけて論じた。階級間には経済的な資本の差だけでなく、文化的な資本の違いが存在する。

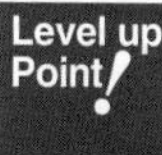

このレベルまでくると、社会学者の名前とキーワードを覚えるだけでは正答できない。ただし、社会学者とその唱えた理論の大枠の主張を押さえておけば、論理的に正答を導くことはできる。知識をもとにその場で考える訓練も必要である。

A29 正解－2

1－誤　初期のパーソンズは主意主義的行為理論による行為の分析を行うが、中期以降、行為理論から社会システムを分析する基準としてパターン変数を用いている（**Q11** 参照）。

2－正　二重の条件依存性（**Q28** 参照）による複雑性を縮減することで社会的行為が可能になる（**Q24** 参照）。

3－誤　ハビトゥスは身体化された「文化資本」であり、それを有することで社会的地位・権力を与えられるものである。社会構造と無縁な行為とはならない（**Q26** 参照）。

4－誤　パーソンズの社会システム理論のように社会全体を対象とする一般理論ではなく、限定された範囲での理論を積み上げていくのがマートンの中範囲の理論である（**Q12** 参照）。

5－誤　マートンの弟子であるコールマンの合理的選択理論は、経済学での効用・利潤最大化で想定される行為を前提とし、行為者は自己の利益が最大になるように合理的な選択をすると考える（**Q19** 参照）。

Q30 ソシュール

問　ソシュールに関する次の文の空欄A～Dにあてはまる語句の組合せとして、妥当なものはどれか。　　　　(地方上級)

彼は、人間のもつ言語能力などをランガージュとよんだ。そして、受動的で言語能力(ランガージュ)の行使に必要な道具を構成する社会的なコードを(A)とよび、ランガージュを実現するための発声作用や(A)の個人的使用を(B)とよんだ。

また、言語記号は、記号表現と記号内容とを同時にもちながら、この2つを結ぶ絆は(C)的であるとして、彼は、このことを言語記号の(C)性とよんだ。

そして、(D)は、彼に始まるとされている。

	A	B	C	D
1	パロール	ラング	恣意	構造言語学
2	パロール	ラング	主体	社会言語学
3	ラング	パロール	恣意	構造言語学
4	ラング	パロール	主体	構造言語学
5	ラング	パロール	主体	社会言語学

PointCheck

◉構造主義……………………………………………………………【★★☆】

1960年代からフランスで盛んになった思想的潮流。

ソシュールの構造言語学に影響を受け、哲学、人類学、社会学などの領域に広がった。

(1)ソシュールの構造言語学

F. ソシュール(1857～1913)は、スイスの言語学者。

①ランガージュ/ラング/パロールの区別

ランガージュ:**人間の持つ言語能力。**
ラング:**日本語や英語などのような言語体系。**
パロール:**実際に発話される言葉。**

②シニフィアンとシニフィエ

シニフィアン:記号表現。文字や音声で表現される言葉。
シニフィエ:記号内容。シニフィアンによって表される内容。

※シニフィアンとシニフィエの結びつきは恣意的である。つまり必然性がない。例えば、日本語で「帽子」と呼んでいるものを英語ではhatやcapと呼んでいるし、あるいは別の呼び方でも全くかまわない。

日本語の「帽子」の意味は他の日本語の単語との関係で決まり、hatやcapという英単語の意味は他の英単語との関係で決まる。

⑵レヴィ=ストロースの構造人類学

C. レヴィ=ストロース（1908～2009）は、フランスの文化人類学者。

非西欧社会の親族構造や神話などにみられる規則や、象徴の体系に隠された構造を抽象化して取り出す方法を示した。

⑶アルチュセールの構造主義的マルクス主義

L.P. アルチュセール（1918～1990）は、フランスの哲学者。

家族、学校、マス・メディアなどの制度を、国家のイデオロギー装置と呼んだ。

◉ボードリヤールの記号論 繰り返し確認 ……【★★★】

モノ=記号の消費

人々はモノ=記号の消費を通して、他者との差異を表示する。何を消費しているかが、その人や集団を他から区別する記号となっているのである。

- **消費はもはやモノの機能的な使用や所有ではない。**
- **消費はもはや単なる権威づけの機能ではない。**
- **消費は記号のコードつまり言語活動である。**

構造主義は言語学、人類学、哲学、社会学、文学などさまざまな学問領域を横断する思想潮流だった。このような領域横断的な傾向は近年ますます強まっているので、社会学だけでなく関連領域における重要概念にも親しんでおきたい。

A30 正解－3

Aは「社会的なコード」とあるので個別の言語体系としての「ラング」が入り、Bは「発声作用」「個人的使用」とあるので「パロール」が適当である。記号表現と記号内容には必然的なつながりはないのでCは「恣意」が入る。Dにはソシュールの立場を表す「構造言語学」が入る。

第4章 社会心理と文化

Level 1 p70～p83　Level 2 p84～p89

1 社会心理

Level 1 ▷ Q31,Q32　Level 2 ▷ Q38

(1)社会的性格 ▶p70

ある社会の成員の大部分に共有されている性格の傾向を社会的性格という。

①E. フロム

『自由からの逃走』において社会的性格の概念を提示し、ナチスが権力を握るようになったドイツの社会心理を分析した。

②D. リースマン

『孤独な群衆』において、伝統指向型→内部指向型→他人指向型という社会的性格の歴史的変化を論じた。

③L. ワース

ワースは都市的生活様式をアーバニズムと呼び、その社会心理的特徴としてアノミー、孤独、異質なものへの寛容性などを挙げた。

(2)フランクフルト学派 ▶p72

フロイトの精神分析とマルクス主義の影響を受けて、批判理論を展開した。

①T.W. アドルノ：権威主義的パーソナリティ、F尺度（ファシズム尺度）

②E. フロム：社会的性格

③H. マルクーゼ：一次元的人間

④W. ベンヤミン：複製技術による芸術作品のアウラの消滅

⑤J. ハーバーマス：コミュニケーション的行為の理論、生活世界の植民地化

2 逸脱行動論

Level 1 ▷ Q33,Q34　Level 2 ▷ Q39

犯罪や非行など社会規範から逸脱した行動を扱うのが逸脱行動論である。

(1) R.K. マートンの適応様式 ▶p75

文化的目標と制度的手段のギャップから適応様式を類型化した。

同調	目標（＋）・手段（＋）→逸脱なし
革新	目標（＋）・手段（－）→手段で逸脱
儀礼主義	目標（－）・手段（＋）→形式主義
逃避主義	目標（－）・手段（－）→依存症など
反抗	目標（±）・手段（±）→政治運動

※(＋）は承認、(－）は拒否、(±）は新しい価値の創出

(2)ラベリング理論 ▶p76

逸脱とは行為の特性ではなく、周囲から貼られるラベルであるという立場。

代表的論者はH.S. ベッカー。

⑶二次的逸脱（E.M. レマート） ▶ p76

逸脱→周囲が逸脱者として扱う→二次的逸脱

⑷分化的接触理論（E.H. サザーランド） ▶ p77

逸脱は集団において学習される。例）ホワイトカラーの犯罪

3 マス・メディア

Level 1 ▷ **Q35**　Level 2 ▷ **Q40**

メディア効果論の流れ ▶ p78

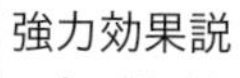

強力効果説
- 皮下注射モデル
- 弾丸理論

➡

限定効果説
- コミュニケーションの２段の流れ
- 補強効果

➡

新しい強力効果説
- 議題設定機能
- 沈黙の螺旋
- 知識ギャップ
- 培養分析

4 文化

Level 1 ▷ **Q36,Q37**

⑴ E.B. タイラーの文化の定義 ▶ p80

文化：知識、信仰、技芸、道徳、法律など社会の成員によって獲得された能力や習慣の複合体

⑵普遍的文化／特殊的文化／任意的文化（R. リントン） ▶ p80

⑶日本文化論 ▶ p82

R. ベネディクト	文化の型（アポロ型／ディオニュソス型） 恥の文化（日本）／罪の文化（西洋）
中根千枝	日本はタテ社会：資格よりも場の共有により集団形成
土居健郎	「甘え」
川島武宜	戦前の家族制度、親分子分関係→反民主主義的
濱口惠俊	間人主義（日本）／個人主義（西洋）
丸山真男	タコツボ型（日本）／ササラ型（西洋）
加藤周一	雑種文化
山岸俊男	安心社会（日本）／信頼社会（アメリカ）

Q31 社会的性格

問　パーソナリティや社会的性格に関する次の記述のうち、最も妥当なものはどれか。

（国家一般）

1　T.W. アドルノらは、権威主義的パーソナリティが、生産手段をもたない労働者階級に特有のパーソナリティであることを明らかにし、労働者階級は、その性格特性ゆえに積極的にファシズム運動を支持し、自らの階級利害を主張したと論じた。

2　R. マートンは、官僚制組織の成員に特有のパーソナリティとして、規則や手続きに過剰に同調する逃避主義的なパーソナリティの存在を指摘し、それが原因で、官僚制組織では、官僚性の逆機能の問題が生じていると論じた。

3　L. ワースは、アーバニズムについて論じ、都市を特徴づける人口規模、密度、社会的異質性という三つの要素が、都会人の意識やパーソナリティにもたらすものとして、主体性の喪失、無関心、孤独感、焦燥、相違に対する寛容的態度などを指摘した。

4　D. リースマンは、産業化の進展とともに、人々の社会的性格が、伝統的集団への同調を重視する伝統指向型から、同世代人の動向に絶えず気を配る他人指向型を経て、個人の内面にある人生目標を追求する内部指向型へ、順に変化していくと論じた。

5　G. ジンメルは、非所属集団に準拠しながらも、その集団への所属から排除されている人間をマージナルマンと呼び、その特徴として、所属集団と準拠集団の不整合から、不満を抱きやすい反面、既成の観念を打ち破る創造性を内包していることなどを指摘した。

PointCheck

◉パーソナリティと社会的性格……【★★★】

パーソナリティは、**個人に特有の性格や行動の傾向**を表す。社会学においては、パーソナリティは個々人の社会化の過程を通じて獲得されると考えるので、個人差があり、個人にとっては比較的安定していて、変わりにくいとされる。

パーソナリティは個人によって異なるものだが、一定の共通性に基づいて類型化することは可能である。なかでも、**ある社会の成員の大部分に共有されている性格の傾向**を社会的性格という。

◉E. フロム（1900～1980）……【★★★】

ドイツの社会心理学者。フランクフルト学派（**Q32** 参照）に属し、ナチスを逃れてアメリカに亡命した。『自由からの逃走』では、フロイトの精神分析とマルクス主義の方法を用いて、ナチスの台頭を許したドイツの社会心理を分析し、社会的性格の概念を提示した。

社会的性格
ある集団の大部分の成員が持っている性格の中心的傾向で、共通の経験や性格様式によって生み出されたもの。フロムは、ナチスとそれを支持した下層中産階級に共通して権威主義的性格がみられると指摘した。

◉ D. リースマン（1909～2002）……【★★★】

アメリカの社会学者。アメリカ人の社会的性格の変化を分析した『孤独な群衆』で知られる。次に挙げる同調の様式の違いによる３つの性格類型が有名である。

類型	伝統指向型	内部指向型	他人指向型
社会	産業化以前の伝統的社会にみられる。	産業化の進んだ近代社会にみられる。	現代の大都市にみられる。
同調の様式	慣習や宗教など**伝統的様式に同調**する。	幼少期に与えられた目標をジャイロスコープ（羅針盤）として、その**価値観に従う**ように生きていく。	友人やマスコミなどの**同時代人の与える情報に敏感に同調**する。

◉アーバニズム……【★★★】

シカゴ学派の都市社会学者L. ワースは、**都市的生活様式**をアーバニズムと呼んだ。その社会心理的な特徴には、アノミー、孤独、異質なものへの寛容性などが挙げられる（**Q45**参照）。

A31 正解－３

1－誤　アドルノの権威主義的パーソナリティは労働者階級に固有のものではない（**Q32**参照）。

2－誤　マートンのアノミー論において官僚制組織にみられるのは逃避主義ではなく儀礼主義である（**Q33**参照）。

3－正　アーバニズムの社会心理的な特徴として妥当な記述である。人口規模、密度、社会的異質性という都市の定義も重要。

4－誤　リースマンによれば、同調の様式は伝統指向型→内部指向型→他人指向型の順に変化する。

5－誤　ジンメルは「異邦人」という言葉で同様のことを論じたが、マージナルマン（境界人、周辺人）について論じたのはシカゴ学派のパーク（**Q46**参照）である。

Q32 フランクフルト学派

問　フランクフルト学派に属する社会学者に関する記述として、最も妥当なものはどれか。

（国家一般）

1　マルクーゼ（Marcuse, H.）は、先進産業社会では、高度に発達した生産諸力が人々の生活水準の向上をもたらし、そのことにより社会における対立や緊張が抑制されるなどして社会が均質化・全体主義化しているとした。また、そこから現代社会は社会変革の担い手を失い、現状を受け入れる肯定的思惟に支配された一次元的人間を生み出しているとした。

2　ハーバーマス（Habermas, J.）は、管理・操作を特徴とする道具的行為や了解と合意を特徴とする戦略的行為などに社会的行為を分類した。また、この二つの行為概念をシンボルと社会圏という社会の二層概念に対応させた上で、日常生活のいたるところでシンボル化が進み、管理・操作領域が増していくことを社会圏の植民地化と呼んだ。

3　アドルノ（Adorno, T.W.）は、伝統的因習や権威を認められている存在への合理的な批判・判断能力、また、弱者への共感性などを内容とする民主的パーソナリティの概念を提唱した。そしてF尺度を作成するなどの工夫をし、ナチス支配の下、表層的には差別主義と見える人たちの間にも、民主的パーソナリティが静かに浸透していたことを実証的に明らかにした。

4　ベンヤミン（Benjamin, W.）は、芸術作品がもつ魅力や雰囲気などをアウラという言葉で表現した。そして、写真に代表される複製技術の発達が、それまでオリジナルなものに触れることでしか得られなかった芸術体験を幅広く大衆に開放し、人々の芸術への関心を高めることで、作品のもつアウラをより高める働きを果たしているとした。

5　フロム（Fromm, E.）は、集団の大部分の成員がもっている意識構造の本質的中核で、その集団に共通の基本的経験と生活様式の結果、発達したものを集合的無意識と呼んだ。そして、集合的無意識は、社会構造との間に一定の均衡を保っていれば社会統合のセメントとなるが、両者の間に不均衡が生じた場合、社会変化のダイナマイトとして作用することがあるとした。

PointCheck

◉フランクフルト学派……………………………………………………【★★★】

1930年代から、ドイツのフランクフルト大学の社会研究所でM.ホルクハイマーを中心として活動した学者たちをフランクフルト学派、その理論を「批判理論」と呼ぶ。**フロイトの精神分析とマルクス主義を取り入れ、全体主義や資本主義による人間の抑圧を批判**した。ナチスの時代には彼らの多くがドイツ国外に逃れたが、戦後再建され、J.ハーバーマスらを輩出した。

学者	主張
T.W. アドルノ (1903～1969)	アメリカ亡命中に『権威主義的パーソナリティ』を著した。**権威主義的パーソナリティ**は、権力関係の上位者に対しては従順、下位者に対しては攻撃的という二面性を持ち、ファシズム、反ユダヤ主義、自民族中心主義などを特徴とする。実証研究にはＦ尺度（ファシズム尺度）が用いられた。
E. フロム (1900～1980)	『自由からの逃走』を著し、**社会的性格**の概念を提示した（**Q31** 参照）。
H. マルクーゼ (1898～1979)	高度産業社会において、テクノロジーによる管理を受け入れ批判的精神を失った人間像をマルクーゼは**一次元的人間**と呼んだ。
W. ベンヤミン (1892～1940)	芸術作品が持つ、一回性・全体性の感覚である**「アウラ（オーラ）」は、写真や映画など複製技術による作品では失われる**と論じた。
J. ハーバーマス (1929～　)	フランクフルト学派の第２世代を代表する社会学者。 **コミュニケーション的行為の理論**で知られる（**Q24** 参照）。

A32 正解－1

1－正　マルクーゼの一次元的人間についての妥当な記述である。一次元的人間とは、高度産業社会で批判的精神を失った存在である。

2－誤　ハーバーマスは、行為を道具的行為とコミュニケーション的行為に分けた。また目的合理性の生活世界への拡大を「生活世界の植民地化」と呼んで批判した。

3－誤　アドルノは、反民主主義的な特徴を持つ社会的性格を権威主義的パーソナリティと呼び、その測定のためにＦ尺度（ファシズム尺度）を用いた。

4－誤　ベンヤミンは、オリジナルな芸術作品の持つアウラが、写真のような複製技術の時代の芸術作品からは消滅すると論じた。

5－誤　フロムは、集団の大部分の成員が持っている意識構造の本質的中核を「社会的性格」と呼んだ。「集合的無意識」は心理学者ユングの提示した概念で、神話や伝説などに表れる、人類に普遍的に存在する無意識のことである。

Q33 アノミー

問 次の表は、マートンが文化的目標と制度的手段とに対する個人の態度の組合せから、個人の社会への適応様式を類型化して表したものであるが、表中の空所Ａ～Ｄに該当する語の組合せとして、妥当なものはどれか。ただし、表中の＋は承認、－は拒否、±は現行価値の拒否と新しい価値の承認を示している。 (地方上級)

適応様式	文化的目標	制度的手段
同調	＋	＋
A	＋	－
B	－	＋
C	－	－
D	±	±

	A	B	C	D
1	儀礼主義	逃避主義	反抗	革新
2	儀礼主義	反抗	革新	逃避主義
3	反抗	儀礼主義	逃避主義	革新
4	革新	逃避主義	儀礼主義	反抗
5	革新	儀礼主義	逃避主義	反抗

PointCheck

◉アノミー……【★★★】

社会規範が揺らぎ、個人の欲望や行動が無規制な状態になること。

⑴アノミー的自殺（E.デュルケム） 繰り返し確認

デュルケムの自殺の類型の1つ。経済成長により増大した欲求が満たされない場合起こる商工業者の自殺などがこれにあたる（**Q04**参照）。

①自己本位的自殺…社会の統合が弱いため起こる自殺（知識人の自殺）

②集団本位的自殺…社会の統合が強いため起こる自殺（殉死）

③アノミー的自殺…個人の欲望が増大し無規制となり起こる自殺（五月病）

④宿命的自殺…社会的規範力が強く自己の抑圧による自殺（心中）

	強すぎる	弱すぎる
社会的統合力	集団本位的自殺	自己本位的自殺
社会的規範力	宿命的自殺	アノミー的自殺

⑵適応様式の類型（R.K. マートン）

マートンは**文化的目標と制度的手段の不一致がアノミーを生む**とし、それらの状況への個人の適応の仕方を次のように類型化した。

同　調	**文化的目標と制度的手段の両方に同調。** 社会的逸脱なし。
革　新	**文化的目標にのみ同調。** 手段において逸脱。例）詐欺
儀礼主義	**制度的手段にのみ同調。** 文化的目標を放棄して規範には形式的に従う。例）官僚主義
逃避主義	**文化的目標と制度的手段の両方を放棄。** 文化的目標を達成するための制度的手段がないために目標まであきらめて社会的に逸脱する。例）アルコールや薬物への依存
反　抗	制度体系が正当な目標達成の障害となる場合に、**既存の価値を転換し、新しい社会構造を作ろうとする。**例）政治運動

⑶単純アノミーと急性アノミー（S. デ・グレージア）

アメリカの政治学者デ・グレージアは、**複数の信念体系の間の葛藤によって起こる**「単純アノミー」と、**社会の中心的な信念体系の崩壊によって起こる**「急性アノミー」を区別した。

⑷アノミー尺度（L. スロール）

スロールは、無関心、無力感、孤立感、目標喪失などの観点からアノミーを測定するアノミー尺度を作成した。

A33 正解－5

同調、儀礼主義、逃避主義は比較的覚えやすいが、革新と反抗が間違いやすい。

革新は既存の文化的目標（例えば金銭的成功）には同調するので、社会そのものの変革には向かわない。

それに対し、反抗は、手段だけでなく文化的目標までも新しく変えようとするので、革命などの社会変革を志向する。

Q34 ラベリング理論

問 ラベリング理論に関する記述として、妥当なものはどれか。 （地方上級）

1 ラベリング理論では、犯罪を行う人間について社会的・家庭的環境に問題があるとされていた従来の考え方を否定し、犯罪とは無縁のようにみえる社会的・経済的上層階級者であるホワイトカラーの犯罪を理論的に説明した。

2 ラベリング理論では、人の社会的なつながりを愛着、投資、まきこみ、規範概念の四つの要素に分解し、それぞれが非行に対する抑制効果をもつという仮説を立て、青少年を対象とした自己申告データを使ってそれを検証した。

3 ラベリング理論では、成功という文化的目標と、その達成のためにアクセスできる制度的手段とのギャップが最大になるとき、目的のために手段を選ばない革新が物質的利益目当ての犯罪や非行を引き起こすとした。

4 ラベリング理論では、逸脱行動を行うことによって得る利益が、それを行った結果、罰を受ける確率や受けるかもしれない罰の大きさを上回れば、人は逸脱行動を行うとした。

5 ラベリング理論では、逸脱は、社会的に構成されたものであり、特定の人々によって形成された規則を特定の人や行為に適用することによって生み出されるとした。

PointCheck

◉ラベリング理論……………………………………………………………………【★★★】

ラベリング理論は、犯罪や非行を研究対象とする社会的逸脱に関する理論の１つである。逸脱を個人の性格や心理から、あるいは逸脱を生んだ社会状況から説明するのではなく、**社会が「逸脱」というラベルを貼ることで「逸脱」が生み出される**とする。

⑴ H.S. ベッカー（1928 ～ 2014）

アメリカの社会学者。ラベリング理論の代表的論者で、著書『アウトサイダーズ』ではマリファナ使用者やジャズ・ミュージシャンをインタビューや参与観察法を用いて研究した。その中で、**逸脱とは、行為の性質ではなく、社会集団が作り出した規則を特定の人々に適用することで生み出される**と論じた。多くの場合、規則を作るのは社会的に権力を持つ集団であり、「逸脱」のラベルは社会的弱者に貼られやすい。

⑵一次的逸脱と二次的逸脱

アメリカの社会病理学者 E.M. レマート（1912 ～ 1996）の提示した概念。何らかの理由で逸脱（一次的逸脱）を犯した者が、それに対する**周囲の目への反応として犯す逸脱**を二次的逸脱という。例えば、一度の非行によって、「非行少年」という目で見られるようになると、それへの反発あるいは適応によってさらに非行を行うようになってしまうなど。

◉分化的接触理論……【★★★】

アメリカの社会学者 E.H. サザーランド（1883 ～ 1950）が提示した逸脱理論。**逸脱は身近な集団において学習されるもの**であるとした。サザーランドは犯罪が下層階級に多いというのは偏見であると指摘し、ホワイトカラーの犯罪を研究した。ホワイトカラーの犯罪は企業組織で学習され、罪悪感の欠如を特徴とする。

知識を広げる

ホワイトカラーとブルーカラー

産業化が進んだ社会では、専門的で管理的な仕事をするサラリーマンが多くなったので、資本階級と労働者階級という区分は実態に合わなくなった。そこで、企業に雇用されて働く労働者の中でも、事務や販売、管理などに従事する層をホワイトカラー、工場などの生産工程に関わる層をブルーカラーと呼んで区別するようになった（白い襟か青い襟かという服装の違いが名前の由来）。工場のオートメーション化が進んだ現代では、この区分も実態に合わなくなってきている。

◉社会的逸脱行動論……【★☆☆】

個人が、社会的価値や規範から逸脱した行動をとる場合が逸脱行動であり、非行、犯罪、自殺、薬物中毒、性的逸脱などがある。逸脱行動の原因の理論として次の７つを押さえる。

⑴社会的規範力が弱くなって起こるアノミーによるもの（**Q33** 参照）

①デュルケムのアノミー的自殺、②マートンの逸脱行動、③デ・グレージアの単純アノミーと急性アノミー

⑵逸脱行動をとりやすい文化や集団と接触し同調するもの

① A.K. コーエンの非行下位文化論（**Q39** 参照）、②サザーランドの分化的接触理論

⑶社会や集団から逸脱行動や逸脱者だという偏見や独断を受けるもの

①ベッカーのラベリング理論、②ゴフマンのスティグマ理論（**Q21** 参照）

A 34 正解　5

1 －誤　ホワイトカラーの犯罪を研究したのはサザーランドで、彼の理論は分化的接触理論と呼ばれる。

2 －誤　社会的なつながりが犯罪を抑止するというのは、ハーシの統制理論である。

3 －誤　文化的目標と制度的手段のギャップにより逸脱を説明したのはマートンである（**Q33** 参照）。

4 －誤　逸脱の利益と罰を比較考量するというのは、合理的選択理論の考え方である。

5 －正　逸脱とは社会的に貼られたラベルである、というラベリング理論の説明として妥当である。

第４章 社会心理と文化 Level 1

Q35 マス・メディア

問　世論とマスメディアに関する次の記述のうち、妥当なのはどれか。　（国税専門官）

1　ハーバード大学の比較政治学者ノリスは、数ヵ国の世論調査データの比較分析を行い、日本を含む先進民主主義国の1990年代中頃のデータから、テレビの視聴時間が長いと政治的信頼が低下するという関係が見られたと指摘している。

2　アイエンガーらが主張したフレーミング効果とは、政治全体を否定的なトーンで扱う報道が、政治家たちが自己の利益や生き残りばかり気にしながら行動しているというイメージを有権者に与え、政治的シニシズムを増幅させるという仮説のことをいう。

3　エリー調査は、一般の人々はマスメディアから直接情報を摂取するよりもオピニオンリーダーを介して情報を得るという仮説を提示するとともに、マスメディアを通しての選挙キャンペーンの影響を受けておよそ半数の有権者が投票意図を変えたという結論を導いた。

4　E・ノエル＝ノイマンの沈黙の螺旋仮説とは、強権的政府がマスメディアを弾圧することによって、政府に反対する少数派の意見表出の機会を奪い、少数意見が存在しないかのように世論操作をすることをいう。

5　マコームズとショーが提唱した議題設定機能仮説は、マスメディアは現在の争点が何であるかという有権者の認知レベルに影響を与えているとするものである。具体的な分析としては、米国大統領選挙に際し、有権者の争点認知、候補者の公約、マスメディアの争点設定の三つの関係を見た。

PointCheck

◉擬似環境……………………………………【★★☆】

W. リップマンは『世論』（1922）において、マス・メディアの作るイメージが人々にとって「擬似環境」となっていると論じた。

◉強力効果説（20世紀初め～1930年代）……………………【★★☆】

皮下注射モデル、弾丸理論

ラジオや映画のように大衆に普及したマス・メディアは、あたかも注射や弾丸のように**受け手に直接的で大きな影響を与えられる**と考えられた。

◉限定効果説（1940年代～60年代）……………………【★★★】

マス・メディアの効果についての実証的な研究から、その効果は考えられていたほど大きくないことが明らかになった。

⑴コミュニケーションの２段の流れ

P.F. ラザースフェルドやE. カッツの研究により、**マス・メディアの効果はオピニオン・リーダーを介しての間接的なもの**であり、マス・メディアよりもオピニオン・リーダーを介した人間関係の個人的効果の方が大きかった（コロンビア大学グループのエリー調査）。

⑵補強効果

J.T. クラッパーはマス・メディアの効果は個人に変化を引き起こすというよりは、**もともと持っていた傾向を補強するだけ**であると論じた。

◉新しい強力効果説（1970 年代～）……【★★★】

メディア環境の変化により、マス・メディアの効果への関心が再び高まった。

⑴議題設定機能

M. マコームズと D.L. ショーは、マス・メディアが人々に「何について考えるべきか」という**争点を設定するという点で影響力を持つ**という議題設定機能説を唱えた。

⑵沈黙の螺旋

E. ノエル＝ノイマンは、メディアを通した情報によって人々は社会でどのような意見が優勢かを知り、**少数派は自分の意見を隠すようになるので、さらに多数意見が強くなっていく**という沈黙の螺旋（らせん）仮説を提示した。

⑶知識ギャップ

E.B. ティチナーらは、マス・メディアが階層による知識・情報の差を拡大するという知識ギャップ仮説を唱えた。

⑷培養分析

G. ガーブナーらはテレビ視聴時間が長い人ほど、暴力に巻き込まれる確率を実際より高く見積もっていることを明らかにした。このようにマス・メディアのメッセージが人々の間で「培養」されると考えることから、これを培養分析という。

A35 正解－5

1－誤　メディアとの接触時間が政治的信頼と相関するわけではない。P. ノリスはメディアとの接触が政治不信の要因ではないとする。

2－誤　メディアによるニュースの提示の仕方（フレーム）しだいで、受け手の理解・解釈が変化することをフレーミング効果という。ネガティブな報道が政治的シニシズムを増幅させることもあるが、それに限定されるものではない。

3－誤　マス・メディアの直接的影響や効果は限定的とするのがエリー調査の結果である。

4－誤　マス・メディアの多数派報道により少数派が沈黙するという仮説である。

5－正　マス・メディアの強調して設定した争点が、有権者の話題とした争点に影響しているとした仮説である。

Q36 文化

問 文化に関する記述として、妥当なものはどれか。 （地方上級）

1 タイラーは、文化若しくは文明とは、その広い民族誌的な意味においては、知識、信仰、芸術、道徳、法律、慣習、その他およそ人間が社会の成員として獲得した能力や習慣を含む複合的な全体であると定義した。

2 リントンは、文化を個人の文化への参与の仕方により、社会の全成員が共通に参与し支持している普遍的文化と、社会の特定の階層や職業に属する成員だけが参与し支持している任意的文化との二つに区分した。

3 ベネディクトは、文化の変動性を文化の構造と機能からとらえ、非物質的文化は物質的文化に遅れて変化するため、両者の均衡は失われていくが、再び均衡を回復すべく再編成がなされることにより、文化は変動するとした。

4 土居健郎は、日本の文化を世間体や他人の嘲笑に敏感な行動に注目して「恥の文化」と呼び、内なる良心との対話による罪の自覚によって行動する欧米の「罪の文化」と対比した。

5 丸山真男は、日本の文化は、すべてその根幹に共通の思想・宗教を持ち、そこから派生し発展したものであり、全体として掌の形をしていることから日本の文化を「ささら型文化」とした。

PointCheck

◉文化…【★★★】

イギリスの文化人類学者 E.B. タイラーは、文化を**知識、信仰、技芸、道徳、法律など社会の成員によって獲得された能力や習慣の複合体**であると定義した。

◉普遍的文化・特殊的文化・任意的文化…【★★☆】

アメリカの文化人類学者 R. リントンは、文化を**社会の成員が共通して参加する普遍的文化、特定の階層だけが参加する特殊的文化、どの成員も自由に参加できる任意的文化**に分類した。

◉下位文化（サブカルチャー）…【★★☆】

社会において正統とみなされる上位文化に対し、ある特定の集団によって担われる文化を下位文化という。例えば、若者文化、女性文化、労働者階級の文化、少数の民族的文化などがこれにあたる。

◉文化の型…【★★★】

アメリカの文化人類学者 R. ベネディクトは、アメリカ先住民の文化の研究から、穏やかで調和的なアポロ型文化と、激しく闘争的なディオニュソス型文化という文化の型を提示した。また**日本を恥の文化、西洋を罪の文化とした**（**Q37** 参照）。

◉ササラ型とタコツボ型……………………………………………………【★★☆】

政治学者の丸山真男（1914～1996）は、ギリシャ以来の共通の学問の基盤を持っている西洋の学問に対して、学問が細分化、専門化した後に近代的学問制度を作り上げた日本の学界には共通の議論の基盤がないとして、それをタコツボ型と呼んだ。タコツボ型は学問だけでなく、社会の組織形態にみられる特徴である。他方、細分化しながらも共通の基盤を持つ西洋の学問文化を、竹の先を細く裂いた道具のササラにたとえて、ササラ型と呼んだ。このような共通基盤なしに専門分化した学問分野や、自主的コミュニケーションのルートがない閉鎖的機能集団が、国内的には鎖国の状態で、国際的には開かれているという奇妙な体制であると指摘した。

◉雑種文化……………………………………………………………………【★★☆】

評論家の加藤周一（1919～2008）は、現在の日本文化は伝統的日本文化と西洋文化が分かちがたく結びついた雑種文化であるとした。この雑種性とは、西洋文化と日本文化の混合を意味するものではない。西洋文化はその根本を内から発生させた「純粋種」であり、日本文化の根本を決定するものが外来のものという「雑種」である。ただ、雑種であることから、対外的な開放性という長所を持ち、その反面、西洋化と国粋化という両極端な志向があるとして、加藤は日本文化を積極的に位置づけている。

第1章
第2章
第3章
第4章
第5章
第6章
第7章

A36 正解－1

1－正　社会の成員の能力や習慣から複合的な全体として文化を定義したタイラーの定義についての妥当な記述である。

2－誤　リントンは、普遍的文化、特殊的文化、任意的文化の3つに分類した。また任意的文化についての説明が特殊的文化の特徴となっている点も誤り。

3－誤　本肢はオグバーンの文化遅滞説についての記述である（**Q03** 参照）。ベネディクトは文化の型や、日本文化について論じた『菊と刀』で知られる（**Q37** 参照）。

4－誤　「恥の文化」「罪の文化」はベネディクトの説。土居健郎は『「甘え」の構造』で知られる（**Q37** 参照）。

5－誤　丸山真男は、日本文化は先端では細部化していても共通の根を持つササラ型でなく、それぞれが孤立し並列したタコツボ型であるとした。

Q37 日本文化論

問 日本人論に関する記述として、妥当なものはどれか。 (地方上級)

1 R. ベネディクトは、「菊と刀」において、西欧文化は、他人の評判や体面を重視する「恥の文化」であり、日本文化は、内面的な良心を重んじる「罪の文化」であるとした。
2 川島武宜は、「日本社会の家族的構成」において、日本の社会は、現代的な家族原理から成り立っており、それが民主主義の基礎となっているとした。
3 中根千枝は、「タテ社会の人間関係」において、日本人の集団意識は、個人の「資格」の共通性よりも、所属する組織など一定の枠に基づく「場」の共有におかれているとした。
4 土居健郎は、「『甘え』の構造」において、日本では、母子間の甘えの関係が成人後も継続し、成人後の甘えが家庭外での人間関係に有害であるとした。
5 濱口恵俊は、「『日本らしさ』の再発見」において、日本人の基本的価値観は、自己中心主義、自己依拠主義、対人関係の手段視によって特徴づけられる個人主義であるとした。

PointCheck

◉罪の文化と恥の文化……【★★★】

アメリカの文化人類学者 R. ベネディクト（1887 ～ 1948）は、『菊と刀』において、**西洋の罪の文化に対して、日本を恥の文化として描いた**。罪の文化では、人々は**内面的な良心**に従って行動するが、恥の文化では、人々は**名誉や義理**を重んじ、嘲笑されることを恥として最もおそれて行動する。

◉タテ社会……【★★★】

社会人類学者の中根千枝(なかねちえ)(1926～　)は『タテ社会の人間関係』において、**日本社会では人々は「資格」よりも「場」によって集団を形成する**と指摘した。例えば、日本の労働組合は、「資格」としての職種ごとに作られるのではなく、「場」としての企業ごとに作られる。そのため、集団内のタテの上下関係が重要なタテ社会になっている。

集団への加入順序により先輩－後輩という序列が生まれるが、上位者も集団の一部にすぎず、その権限は集団的制約を受ける。このような序列を重視する日本的タテ社会は独特の平等観に基づいており、地位や資格による階級社会とは異なるものである。

◉甘えの構造……【★★★】

精神科医の土居健郎(どいたけお)（1920 ～ 2009）は、『「甘え」の構造』において、母子関係にみられるような「甘え」、すなわち相手との一体感が日本文化の特徴であると論じた。それに対して、西洋では甘えを否定し、自由を重視するとされる。日本では、母親に依存する幼児的なパーソナリティが、成人後も他者の援助を期待する「甘え」となり、社会で肯定的に認容されているとした。

◉**家族制度**……【★★☆】

法社会学者の川島武宜（1909～1992）は、『日本社会の家族的構成』において、戦前の日本の家族制度を、権威に基づく儒教的家族と「なれあい」に基づく庶民的な家族からなると分析し、それらの原理が親分子分関係として社会関係一般にもあてはまると論じた。そしてこのような「家族制度」を、個人の自立に基づく民主主義の原理に反するものとして批判した。

◉**間人主義**……【★★☆】

濱口惠俊（浜口恵俊 1931～2008）は、西洋の個人主義に対し、日本人は他者との関係そのものを自己と意識する間人主義であると論じた。間人主義の特徴は、相互依存主義、相互信頼主義、対人関係の本質視である。

◉**安心社会と信頼社会**……【★★☆】

社会心理学者の山岸俊男（1948～2018）は、日本社会は仲間を優先し他者を信頼しない安心社会であり、アメリカ社会のように、見知らぬ他者を信頼する信頼社会へ移行すべきであると論じた。

A37 正解－3

1－誤　ベネディクトの『菊と刀』における日本文化論では、西欧文化を罪の文化、日本文化を恥の文化としている。

2－誤　川島武宜は、日本の社会は、前近代的な家族原理から成り立っており、それは民主主義の原理に反するとして批判した。

3－正　日本社会では集団が「資格」ではなく「場」の共有によって形成されるという中根の論に合致している。

4－誤　土居健郎は、親しい二者関係における「甘え」を人間関係の基礎と考えており、「甘え」を有害と論じたのではない。

5－誤　ここで述べられている自己中心主義、自己依拠主義、対人関係の手段視は西洋の個人主義の特徴である。

Q38 社会心理

問 社会心理に関する次の記述のうち、妥当なものはどれか。 （国家一般）

1 社会心理という用語は、心理学と社会学では異なる意味で用いられる。心理学では、これを「社会的条件下の個人の心理や行動」という意味で用いる。これに対して社会学では、「社会の成員に共有されている心理や行動」を社会心理と呼ぶ。社会学では、これを実験や検査を中心的方法として研究する。

2 社会心理の研究の一つの源泉は、19世紀後半のイギリスにおける民族心理の研究にあるといわれる。民族心理とは、個人心理と区別される民族に特有の心理を指す。当時のイギリスは、正に統一国家形成の途上にあった。その際、民族心理は、民族アイデンティティの中核を成すものとして探究された。

3 群衆心理の研究によって社会心理の研究に一つの理論的突破口を開けたのは、G.ル・ボンである。人間は集合化すると相互に感情や衝動を抑制する。このような集合的状況下の人々の理性的傾向を、彼は群衆心理と呼んだ。この研究の延長線上で、今日でも、パニックの制御の研究が行われている。

4 E.フロムは、一つの集団の成員の大部分が共有している性格構造の中核を社会的性格と呼んだ。これは社会心理の研究の基礎的概念として、後の研究に大きな影響を与えた。D.リースマンは、アメリカ人の社会的性格を分析して、権力志向型・金銭志向型、趣味志向型という三つの類型を提示した。

5 社会心理の研究は、今日、様々な主題をめぐって多彩に展開されている。口から口へと広まる出所や真偽が不明の情報を流言という。それは意図的にねつ造され、流布される虚偽の情報としてのデマと区別される。昭和50年代に我が国で広まった「口裂け女」の情報は、流言の一種とされる。

PointCheck

◉社会心理学……………………………………………………………………【★★★】

社会心理学は大きく、「心理学的社会心理学」と「社会学的社会心理学」に分けられる。

⑴心理学的社会心理学

心理学的社会心理学は、**個人の心理を社会的な背景と関連させて研究する**。研究分野としては社会的認知、態度、パーソナリティ、リーダーシップなどが挙げられる。研究方法としては、実験がよく用いられる。

⑵社会学的社会心理学

社会学的社会心理学は、**社会集団に共有された心理や行動を研究対象とする**。研究分野としては社会的性格、マス・コミュニケーション、集合行動などが挙げられる。研究方法としては、質問紙や観察、インタビューなどの社会調査法が用いられる。

◉民族心理学……【★☆☆】

19 世紀後半のドイツで M. ラツァルスらによって創始された。個人心理とは異なる民族精神を研究対象とした。実験心理学の創始者でもある W.M. ヴントにより大成された。この時代のドイツで民族心理学が成立したのは、国家統一間もないドイツが「民族の魂」を探求していたからだといえる。

◉流言……【★★☆】

出所や真偽が不明な情報が、口伝えで広まる社会現象を流言という。流言は、情報の不足、社会的不安、検閲などの抑圧がある場合に起こりやすいとされる。また人々の差別や偏見が流言という形で表れることもある。E. モランが『オルレアンのうわさ』で描いた流言はユダヤ人への差別と結びついていた。

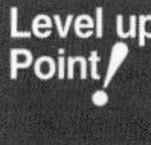

断片的な知識だけでなく、周辺領域や学史の理解も問われる問題だが、選択肢の細かい点に注意すれば内容的に不適当な選択肢を落とすことができる。難易度を見抜いて対処方法を変えることも実力のうち。

A38 正解ー5

1ー誤　心理学と社会学における「社会心理」の意味の違いについての記述は妥当だが、実験や検査は心理学的社会心理学で主に用いられる方法である。社会学的社会心理学では社会調査が多く用いられる。

2ー誤　民族心理学が成立したのはイギリスではなくドイツである。また、19 世紀後半にイギリスが統一国家形成の途上にあったというのも歴史的事実として誤っている。19 世紀のイギリスでは植民地の拡大に呼応して、ヨーロッパ以外の文化を主な研究対象とする人類学が成立した。

3ー誤　群衆心理の研究がフランスのル・ボンによって進められたというのは正しい。しかし、群衆心理は感情的で非理性的であるので、この選択肢は誤り。なお、学術用語としては「群衆」より「群集」という書き方が用いられることが多い。

4ー誤　リースマンの社会的性格の類型は、伝統指向型、内部指向型、他人指向型である（**Q31** 参照）。

5ー正　流言についての妥当な記述である。「口裂け女」のうわさは人から人へ伝わるだけでなく、マス・メディアにも取り上げられることで、急速かつ広範に広まった。

Q39 逸脱行動

問 逸脱理論に関する次の記述のうち、最も妥当なのはどれか。 (国家一般)

1 H.S. ベッカーは、逸脱とは、「逸脱」とみなされる行為やその行為者の性質だけで判断されるのではなく、その社会において権力をもつ集団が「逸脱者」というレッテルを貼ることによってつくり出されると論じた。

2 R.K. マートンは、経済の急成長のような社会生活条件の急変によって起こる人々の欲求の異常な肥大をアノミーと呼び、社会学の概念として初めて用いるとともに、自殺などの逸脱行動とアノミーとの関連を重視した。

3 E.H. サザーランドは、信用と権力を手にした高い社会的地位にある人々を狙った犯罪をホワイトカラー犯罪と定義した。ホワイトカラー犯罪は、社会経済が不安定なときに多く発生し、治安の悪化など社会に大きな影響を及ぼすことを指摘した。

4 社会統制理論とは、人間の行動は本来的に順社会的であるが、過度な統制が行われることによって個人の抱く願望が満たされない状況に陥れられた場合、その不満を解消しようとして逸脱行動に走る傾向を指摘した理論である。

5 非行下位文化論とは、経済的に低い地位を占める人々が、その生活上の不安定性から、流動的な孤立化した個人となり、その結果生まれる心理的特性によって、非行に走る傾向を指摘した理論である。

PointCheck

◉社会的逸脱行動論 繰り返し確認 ……【★★★】

⑴ R.K. マートンのアノミー論

文化的目標と制度的手段のギャップが逸脱を生む。次のような類型がある（**Q33** 参照）。
①同調、②革新、③儀礼主義、④逃避主義、⑤反抗

⑵ H.S. ベッカーのラベリング理論

著書『アウトサイダーズ』で、**逸脱とは行為の性質ではなく、社会集団が作り出した規則を特定の人々に適用することで生み出される**と論じた（**Q34** 参照）。

⑶ E.H. サザーランドの分化的接触理論

逸脱は身近な集団において学習されるものであるとし、企業におけるホワイトカラー犯罪を研究した（**Q34** 参照）。

⑷ T.W. ハーシの社会的統制理論（社会的紐帯（ちゅうたい）理論）

ハーシは分化的接触理論を批判し、家族、仲間、学校などの**社会的つながり（紐帯（ちゅうたい））が非行を抑止する**と説いた。社会的紐帯には、愛着、投資、まきこみ、規範という4つの要素がある。

⑸ A.K. コーエンの非行下位文化論

コーエンはスラム地域の労働者階級の非行少年たちには、中産階級とは異なる下位文化（サブカルチャー）があるとした。彼らにとって非行は、合理的理由からではなく、**一緒に逸脱行動をとることによって仲間集団との関係を強める**という意味を持つ。

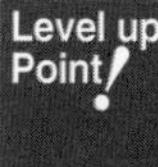

社会的統制理論や非行下位文化論はやや専門的だが、惑わされないこと。マートンのアノミー論やベッカーのラベリング理論は頻出なのでしっかり覚えておこう。

A39 正解－1

1－正　社会が逸脱というラベル、レッテルを貼ることで作り出されるという、ベッカーのラベリング理論であり、妥当な記述である（**Q34** 参照）。

2－誤　記述はデュルケムの自殺論に関するものである。マートンは、社会で重視される文化的目標達成のための手段が欠けていると、どんな方法でも目標を達成しようとするアノミー状態となり逸脱行動が生じやすいとした。

3－誤　ホワイトカラー犯罪とは、組織・企業内のホワイトカラー層による犯罪行為である。

4－誤　ハーシが唱えた社会的統制理論（社会的紐帯理論）とは、周囲の人との社会的つながりが、逸脱行動を抑止するという主張である。

5－誤　コーエンが唱えた非行下位文化説は、非行集団には中産階級の価値とは異なる価値があるというもので、非行集団特有の行動様式が非行集団内での人間的接触によって強化されると考えた。孤立化した個人の心理によるものとはしていない。

Q40 メディア

問 メディアに関する次の記述のうち、最も妥当なものはどれか。 （国家一般）

1 W. リップマンは、人間が自分の頭の中に抱いている環境のイメージを擬似環境と呼んだが、マス・メディアの発達によって、擬似環境に対する人々の依存度は減少していくと論じた。

2 P.F. ラザーズフェルドは、マス・メディアの影響は無媒介・直接的に受け手に及ぶため、オピニオンリーダーを媒介としたパーソナルコミュニケーションの影響は減少していくと論じた。

3 M. マクルーハンは、電子メディアの発達により、遠隔地にいる人間を間近に感じられるような同時的なコミュニケーションが地球規模で広がることを予測し、これを地球村と名付けた。

4 皮下注射的効果とは、メディアからの大量の情報に接触する人々が、受動的に情報を吸収するだけで満足して、次第に社会的行動への能動的エネルギーを喪失していく状態を指す。

5 議題設定機能とは、受け手がマス・メディアのメッセージに対して、受け手自らの考えや態度に整合した情報は受容するが矛盾するものは拒否するなど選択的に反応することを指す。

PointCheck

◉擬似環境の環境化 理解を深める ……【★★☆】

W. リップマンは、『世論』において、人々が直接経験したのではなく、マス・メディアによって与えられたイメージの中で行動していることを「擬似環境」と呼んだ。さらに、マス・メディアが発達し、人々の触れる情報の多くがマス・メディアから得られるようになるとマス・メディアそのものが「現実環境」となってしまうことを藤竹暁は「擬似環境の環境化」と呼んだ。

◉マス・コミュニケーションの社会的機能 繰り返し確認 ……【★☆☆】

(1) P.F. ラザースフェルドと R.K. マートン

①地位付与の機能：メディアで取り上げられたものの社会的な地位が上がる
②社会規範の強化：規範からの違反を明らかにし、制裁を加えることで規範を強化する
③麻酔的逆機能：大量の情報を得ることで満足し、行動を起こさなくなる

(2) H.D. ラスウェル

①環境の監視：環境からの刺激を受容する
②諸部分の調整：環境の変化に対して統一的に反応するための調整
③社会的遺産の世代的伝達：個々の成員の経験の蓄積と伝承

◉「補強効果」の理由 理解を深める ……………………………………………【★★☆】

J.T. クラッパーは、マス・メディアの受け手の影響は限定的であるという限定効果説を唱え、その効果は**受け手のもともとの傾向への「補強効果」**であるとした。その理由には次の２つが挙げられる。

①選択的接触

受け手は、自分の意見や好みに近い情報に多く接し、それと対立する情報は無意識に遠ざけてしまう。

②マス・メディアの情報の性格

マス・メディアを運営する企業は、広告収入を得るために多くの受け手に受け入れられるよう、受け手の傾向に合致する情報を流しやすい。

これらの理由により、受け手は自分の意見を変えるような情報に触れる機会が少なくなっていると考えられる。

Level up Point!

社会学におけるマス・メディア研究の多くは、マス・メディアの発達によって人々の主体性が損なわれるのではないかという批判的な視線を持っている。しかし、近年はインターネットなどの新しいメディアを市民が活用する可能性も論じられている。本問は、そのようなマス・メディアの可能性を問うものである。

A40 正解ー３

１ー誤　リップマンはマス・メディアの発達が、擬似環境への依存を高めると論じた。

２ー誤　ラザースフェルドのコミュニケーションの２段の流れ仮説（**Q35** 参照）では、マス・メディアの効果よりも、人間関係の効果のほうが強いとされ、調査の結果もそれを支持するものであった。

３ー正　マクルーハン(1911 ～ 1980)は、カナダの英文学者、文明批評家。独自のメディア論で知られる。彼は電子メディア（特にラジオ）の発達が世界中の異なる場所で同時に同じ経験をすることを可能にするとして、地球村（グローバル・ビレッジ）の概念を提示した。

４ー誤　皮下注射的効果（**Q35** 参照）ではなく、ラザースフェルドとマートンの「麻酔的逆機能」についての記述である。

５ー誤　議題設定機能ではなく、クラッパーが指摘した「選択的接触」についての記述である。議題設定機能とは、マス・メディアは、受け手の意見や態度を変更させることはできないが、メディアが強調する争点を重要な争点と認識させることはできるというものである。

第5章 家族と地域

Level 1 p92～p105　Level 2 p106～p111

1 家族社会学

Level 1 ▷ Q41～Q43　Level 2 ▷ Q48,Q49

⑴家族の諸形態 ▶ p92

① G.P. マードックの３類型（核家族／拡大家族／複婚家族）

→核家族普遍説：核家族（１組の夫婦と未婚の子）はあらゆる社会に普遍的に存在する。

②日本での一般的分類（夫婦家族［核家族］／直系家族／複合家族）

※直系家族と複合家族をあわせて拡大家族という。

③ DINKs：子どものいない共働き夫婦

⑵家族の機能 ▶ p94

①マードックの４機能説（性、経済、生殖、教育）

② T. パーソンズの２機能説（子どもの基礎的社会化・成人の安定化）

→ E. リトワクの修正拡大家族論による批判

③道具的役割と表出的役割（パーソンズ）

④定位家族と生殖家族

⑶近代家族 ▶ p96

①制度から友愛へ（E.W. バージェスと H.J. ロック）

②家族解体（W.J. グード）

③家族内の権威分布（R.O. ブラッドと D.M. ウルフ）：夫優位型／妻優位型／一致型／自律型

④〈子ども〉の誕生（P. アリエス）

2 地域社会学

Level 1 ▷ Q44～Q47　Level 2 ▷ Q50

⑴コミュニティの類型 ▶ p98

コミュニティとアソシエーション	R.M. マッキーバー
ゲマインシャフトとゲゼルシャフト	F. テンニース
機械的連帯から有機的連帯へ	E. デュルケム
コミュニティとソサエティ	人間生態学

⑵都市理論 ▶ p100

都市の発展、拡大の理論として次の３つが挙げられる。

①同心円地帯理論（バージェス）

５重の同心円：内側から、中央ビジネス地区、遷移地帯、労働者住宅地帯、中流階級住宅地帯、通勤者居住地帯

②扇形理論（H. ホイト）

中心部から交通路線に沿って扇形に拡大。

③多核心理論（C.D. ハリスと E.L. ウルマン）
複数の中心地区が存在する。

⑶アーバニズム（L. ワース） ▶p101

①都市の定義：人口規模大、人口密度大、異質性大
②都市的生活様式：希薄な人間関係、異質性への慣用、アノミー、大衆化

⑷シカゴ学派 ▶p102

シカゴ大学は、都市社会学や社会心理学でアメリカ社会学の中心となった。

W.I. トマス	状況の定義、『ヨーロッパとアメリカにおけるポーランド農民』、生活史
R.E. パーク	人間生態学、「実験室としての都市シカゴ」
E.W. バージェス	同心円地帯理論、制度的家族から友愛的家族へ
L. ワース	アーバニズム
G.H. ミード	I（主我）と Me（客我）、一般化された他者
H.G. ブルーマー	シンボリック相互作用論

⑸都市と農村 ▶p104

都市農村二分法	P.A. ソローキン、C.C. ジンマーマン
都市農村連続体説	R. レッドフィールド、L. ワース

⑹日本の都市社会学・農村社会学 ▶p105

有賀喜左衛門	同族団、家連合
鈴木栄太郎	結節機関説、自然村／行政村
福武直	同族型村落／講組型村落

Q41 核家族

問　家族形態に関する次の記述のうち、妥当なものはどれか。　（国家一般）

1　核家族とは、一般に夫婦と未婚の子から成る家族のことをいうが、我が国の国勢調査における核家族の範疇（はんちゅう）は、これよりも広く、夫婦のみの世帯や単身者の世帯などが含まれている。

2　直系家族とは、親とその跡継ぎ夫婦、さらにその跡継ぎ夫婦、と同居を続ける家族形態のことをいい、直系家族制では、社会的地位や家産などが、跡継ぎによって独占的・優先的に継承される。

3　拡大家族とは、親子、きょうだいなどの血縁で結ばれた複数の核家族の連合体のことをいうが、同時に二人以上の配偶者をもつ複合家族については、拡大家族と区別して考える場合がある。

4　夫婦家族とは、子がいない、夫婦のみで構成される家族のことをいい、具体的には子の独立した高齢者夫婦だけの家族や、DINKsと呼ばれる共働き夫婦だけの家族などが挙げられる。

5　複婚家族とは、夫婦のいずれか一方又は双方が、以前のパートナーとの間にできた子を連れて再婚する場合に生じる家族のことをいい、その構成は複雑で多様である。

PointCheck

◉家族の諸形態……………………………………………………………………【★★★】

⑴マードックの３類型

アメリカの社会人類学者G.P.マードック（1897～1985）による家族の類型

①核家族
（夫婦＋未婚の子）

夫婦

未婚の子

※子は複数いてもよい。

②拡大家族
（核家族が縦に結合）

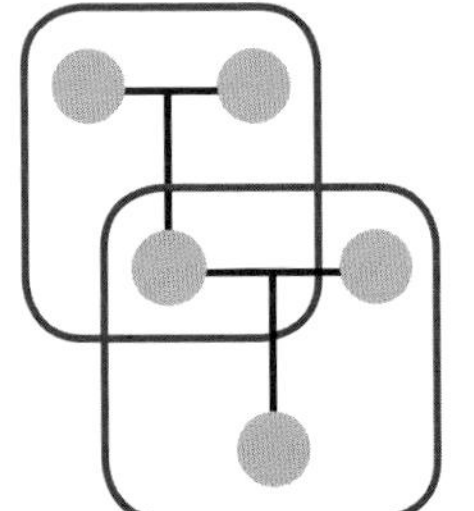

③複婚家族
（核家族が横に結合）

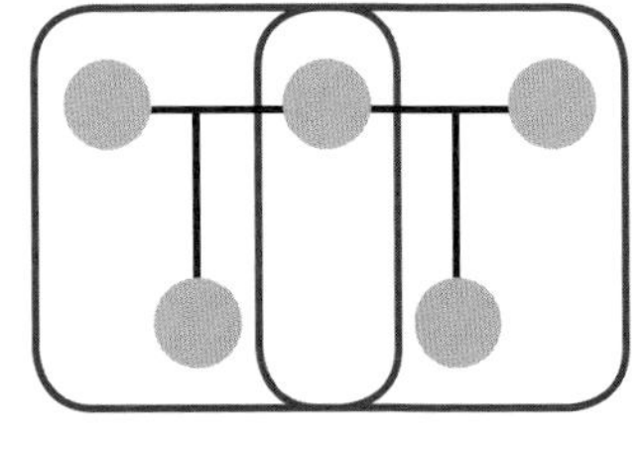

※一夫多妻制や一妻多夫制など。

これらのどの形態にも基本的単位として核家族が含まれていることから、マードックは**核家族があらゆる社会に普遍的に存在する**という核家族普遍説を唱えた。

⑵単婚制（一夫一婦制）における家族の類型

日本でよく用いられる分類法

①夫婦家族
（夫婦＋未婚の子）

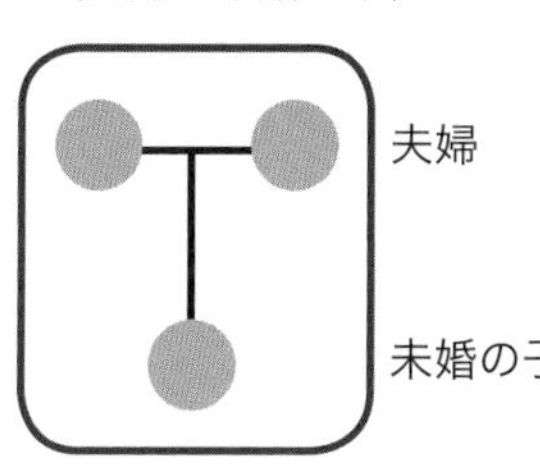

※子は複数いてもよい。
核家族とも呼ばれる。

②直系家族
（各世代に夫婦は１組）

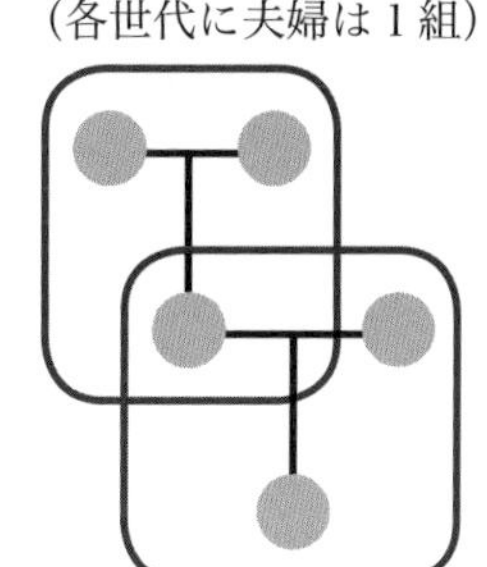

③複合家族
（１世代に複数の夫婦）

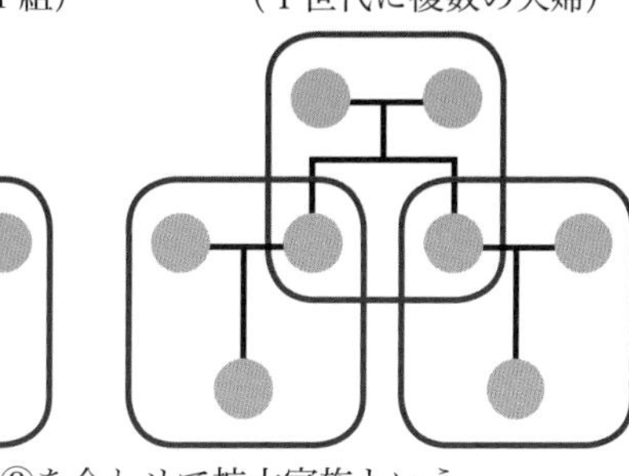

※②と③を合わせて拡大家族という。

⑶ DINKs（ディンクス）

Double Income No Kids の略で、子どものいない共働き夫婦のこと。子どもの養育費用がかからない分だけ豊かなライフスタイルを持つとされる。それに対し、子どものいる共働き夫婦は、DEWKs（Double Employed With Kids：デュークス）と呼ばれる。

A41 正解ー２

１ー誤　日本の国勢調査では世帯を「親族世帯」「非親族世帯」「単独世帯」に分類しており、「親族世帯」のうち、夫婦のみ、夫婦と子ども、ひとり親と子どもからなる世帯を「核家族世帯」としている。よって単身者の世帯が核家族に含まれるというのは誤り。

２ー正　日本の明治民法における家父長制家族が典型的である。家父長制とは、家長権を持つ男子（一般的には長男）が財産や権力を独占的に継承する制度である。ただし、単に直系家族というときには、父系制（男子による継承）だけでなく母系制（女子による継承）もありうる。

３ー誤　**PointCheck** の⑵で示したように、複数の核家族の連合体（⑵の②と③を合わせて）のことを拡大家族というが、⑴のマードックの分類のように、同時に２人以上の配偶者を持つ複婚家族と区別した類型（⑴の②のみ）として「拡大家族」を用いる場合もあるので注意が必要である。本肢では「複婚家族」とするべきところを「複合家族」としているのが誤り。

４ー誤　夫婦家族とは夫婦のみで構成される家族を指すのではなく、１組の夫婦と未婚の子どもからなる家族のことである。

５ー誤　複婚家族とは、マードックの家族の分類において、一夫多妻制や一妻多夫制のように複数の婚姻関係によって横につながった家族形態のことである。

Q42 家族の機能

問 家族論に関する記述として、妥当なものはどれか。 （地方上級）

1　マードックは、家族は、人と人との感情的融合を実現するという意味で社会の原型であり、人間が社会生活を学習する学校であるとした。
2　コントは、制度的家族から友愛的家族への推移をとらえ、近代家族は、制度的なものではなく、家族成員相互の人格的な愛情と理解によって結合しているとした。
3　モーガンは、家族の形態を核家族、複婚家族及び拡大家族の三つに分け、核家族は世界中のすべての家族に含まれている普遍的な中核であるとした。
4　パーソンズは、核家族は機能を喪失しつつあるのではなく、子どもの第一次的社会化と、成人のパーソナリティ安定化という二つの機能を果たしているとした。
5　バージェスは、近代産業社会に対してより調和的な家族形態として修正拡大家族を提唱し、夫婦関係については性別分業原理を超えて、役割の代替可能性が促進されるとした。

PointCheck

◉家族の機能……………………………………………………………………………【★★★】

⑴ G.P. マードックによる核家族の４つの機能

①性の機能
②経済の協同の機能
③生殖（再生産）の機能
④教育の機能

⑵ W.F. オグバーンによる家族の機能

愛情的機能、経済的機能、教育的機能、宗教的機能、娯楽的機能、保護的機能、地位付与的機能

→**産業化によって、他の機関に担われるようになる**（家族機能の縮小）

⑶ T. パーソンズによる家族の２つの機能　繰り返し確認

現代社会における家族の機能

①子どもの基礎的社会化

②成人の（パーソナリティの）安定化

パーソンズの**孤立核家族説**に対し、E. リトワクは、結婚した子の家族とのつきあいなど、核家族間の互助的機能は失われていないとして**修正拡大家族**の概念を提示した。

⑷核家族における役割構造（パーソンズ）

道具的機能：環境への適応

表出的機能：感情による統合

	道具（手段）的機能	表出的機能
上位（リーダー）	父（夫）	母（妻）
下位（フォロワー）	息子（兄弟）	娘（姉妹）

例えば、父親が外で働いて経済的に家族を支え、母親が愛情や優しさで家族を精神的に支えるといったように、パーソンズの理論は性別役割分業を前提としている。

⑸定位家族と生殖家族

定位家族（原家族）：**個人が生まれたときに所属する家族**。親子関係中心。

生殖家族（結婚家族）：**個人が結婚によって形成する家族**。夫婦関係中心。

※同じ家族でも子どもにとっては定位家族で、親にとっては生殖家族である。

A42 正解－4

1－誤　このような主張はコントのものである。マードックは、核家族がどの社会にもみられる基本的な単位であるとして、核家族普遍説を唱えた。

2－誤　制度的家族から友愛的家族へというのは、コントではなくバージェスとロックの説である（**Q43** 参照）。

3－誤　モーガンではなくマードックの家族形態の分類についての説明である。モーガンはアメリカの人類学者で、社会進化論の立場から家族形態の進化を論じた。

4－正　子どもの第一次的（基礎的）社会化と大人のパーソナリティの安定化というパーソンズの家族の２機能説についての妥当な記述である。

5－誤　修正拡大家族を論じたのは、バージェスではなく、リトワクである。

第5章 家族と地域 Level 1

Q43 近代家族

問　家族論に関する記述として、妥当なものはどれか。　(地方上級)

1　マードックは、人類に普遍的な社会集団としての家族を「定位家族」とよび、定位家族の基本的機能として、性的、社会的、生殖的及び文化的機能の４種をあげた。

2　グードは、「〈子ども〉の誕生」を著し、子どもは、中世社会では「小さな大人」として扱われていたが、近代家族の出現とともに、幼児期と成人期の間にある「子ども期」の観念が現れたとした。

3　アリエスは、伝統的な家族形態を夫婦家族へ転換していく過程について、産業化という経済的・技術的変数だけでなく、夫婦家族制のイデオロギーの変数も作用していると指摘した。

4　バージェスは、家族が、法律や習俗などの形式的制度的な結合から、成員相互の友愛や仲間意識といった人間的な感情による統合へ移行する過程を、「制度から友愛へ」と表現した。

5　ブラッドらは、家庭生活における決定権が夫と妻のどちらにあるかを調査し、その結果を、夫優位型、平等型及び妻優位型に区分し、アメリカの都市中産階級では夫優位型が圧倒的に多く、夫婦の勢力関係が平等でないことを証明した。

PointCheck

◉近代化と家族の変化……【★★★】

⑴制度から友愛へ

E.W. バージェスと H.J. ロックは、**近代化により制度に規定された家族から友愛によって結びついた家族へと変化する**と論じた。友愛としての家族の特徴を次のように主張した。

①平等で民主的な家族
②義務や伝統よりも個人の幸福追求を重視
③結婚は恋愛や性格の一致により当事者が決定
④生産・娯楽・保健・防御・宗教などの諸機能を他の機関に移譲

⑵家族の解体

W.J. グードは次のような**家族の構造的、機能的な解体**を指摘した。

①婚姻外の出産
②離婚、別居など家族からの意図的な離脱
③愛情や役割を欠く「抜け殻の家族」
④災害など外的変異により家族成員が失われる
⑤家族成員の精神的・肉体的な要因により役割が遂行されなくなる

グードは、家族の変動を産業化によってのみ説明することを批判し、**夫婦家族イデオロギーという理念的要因の重要性を指摘**した。

⑶修正拡大家族 繰り返し確認

E. リトワクは相互に**部分的依存関係にある核家族の連合**を、**修正拡大家族**という産業社会に適合的な家族類型として示した。

⑷家族内の権威の分布

R.O. ブラッドと D.M. ウルフは、家庭内の意思決定における夫と妻の権威の分布を次のように類型化した。

①夫優位型、②妻優位型、③一致型、④自律型

アメリカの都市の調査では、夫婦の権威が平等な③一致型と④自律型が多数を占めた。

⑸〈子ども〉の誕生

フランスの歴史家 P. アリエスは、『〈子ども〉の誕生』において、ヨーロッパ中世では子どもは未成熟な大人とみなされており、**「子ども」という固有の存在として認められたのは近代家族が成立してから**であると論じた。

第1章
第2章
第3章
第4章
第5章
第6章
第7章

A43 正解ー4

1ー誤　マードックが人類に普遍的な社会集団としたのは、定位家族ではなく核家族である。

2ー誤　『〈子ども〉の誕生』を著したのは、グードではなくアリエスである。

3ー誤　家族形態の変容の要因として夫婦家族イデオロギーを指摘したのは、アリエスではなくグードである。

4ー正　近代家族の特徴を「制度から友愛へ」と表現したのは、バージェスとロックなので妥当な記述である。

5ー誤　ブラッドとウルフの夫婦の権威の分布は、夫優位型、妻優位型、一致型、自律型と類型化される。デトロイトにおける彼らの調査では、一致型と自律型をあわせた平等な夫婦関係が7割以上を占めた。

Q44 コミュニティ

問 コミュニティに関する次の記述のうち、妥当なものはどれか。 （国家一般）

1 F. テンニースは、社会的結合の形態をゲマインシャフトとゲゼルシャフトに区別し、村落はゲマインシャフトであるが、中世都市はゲゼルシャフトであると論じた。
2 E. デュルケームは、社会的分業の発展によって、社会は類似に基づく有機的連帯から分業に基づく機械的連帯に移行すると論じ、コミュニティの衰退を予測した。
3 R. マッキーバーは、共同生活が営まれている地域であるコミュニティと特定の関心に基づいて成立するアソシエーションとを区別し、国家はコミュニティの器官であるとした。
4 R. パークは、彼の人間生態学において、都市における競争的相互依存関係をソサエティとし、コミュニケーションと合意に基づく道徳的秩序をコミュニティとした。
5 L. ワースは、規模が大きく、密度が高く、社会的異質性が高い集落を都市、都市に成立する生活様式をコミュニティと呼び、都市におけるコミュニティの形成を論じた。

PointCheck

◉コミュニティ……【★★★】

一般には特定の地域と結びついた、人々の共同的な生活の場を意味する。

⑴コミュニティとアソシエーション 繰り返し確認

R.M. マッキーバーは、**社会生活全般にわたって共同的な生活がなされる集団**をコミュニティとし、それを基盤にして**特定の機能を担う集団**をアソシエーションとした。

①コミュニティの特徴
・コミュニティは集団である。例）村落、都市、国民社会など
・共同生活の全領域にわたる、包括的なものである。
・自生的なものである。
・コミュニティ感情（われわれ意識、役割感情、相互依存感情など）を共有している。

②アソシエーションの特徴
・コミュニティ内部に存在する集団である。例）教会、学校、労働組合、議会など
・特定の機能を果たす、部分的なものである。
・人工的、人為的なものである。
・特定の関心、目的を共有している。

⑵ゲマインシャフトとゲゼルシャフト 繰り返し確認

F. テンニースは、**本質意志に基づき、地縁・血縁・宗教などで結びついた集団**をゲマインシャフト、**選択意志に基づき、利害や打算によって結びついた集団**をゲゼルシャフトと呼んだ。ゲマインシャフトには、家族、民族、隣人、村落、教会、都市など、ゲゼルシャフトには契約関係、大都市、世界などがある。

⑶機械的連帯から有機的連帯へ 繰り返し確認

E. デュルケムは**類似に基づく機械的連帯から、分業に基づく有機的連帯へ**と社会は変化すると論じた。

⑷人間生態学におけるコミュニティ

シカゴ学派の人間生態学では、一定の地理的範囲における人々の競争的相互依存関係をコミュニティとし、コミュニケーションと合意に基づくソサエティと区別した（**Q46** 参照）。

◉コミュニティの訳語 理解を深める ……………………………………………【★☆☆】

コミュニティは、地域社会、共同社会、共同体などと訳されることもあるが、和訳せずにそのままコミュニティの形で用いられることも多い。また、F. テンニースの用いたゲマインシャフトというドイツ語の単語の英訳もコミュニティである。

A44 正解－3

1－誤　ゲマインシャフトは地縁や血縁に基づく共同体であり、村落と同様に中世都市もゲマインシャフトに含まれる。現代の大都市のように自生的でなく、成員の感情的な一体感のない集団はゲゼルシャフトである。

2－誤　機械的連帯と有機的連帯の記述が逆である。

3－正　マッキーバーのコミュニティとアソシエーションの区別に従えば、国民社会はコミュニティであり、国家はその器官（アソシエーション）と考えられる。

4－誤　ソサエティとコミュニティの記述が逆である。パークはシカゴ学派の都市社会学者で人間生態学の創始者である（**Q46** 参照）。

5－誤　ワースは都市的生活様式を「アーバニズム」と呼んだ（**Q45** 参照）。

Q45 都市

問 都市社会学に関する次の記述のうち、妥当なものはどれか。 （国税専門官）

1 H. ホイトは、家賃を指標に都市居住地域の分布状況を調査した結果、低・中・高の各家賃グループは扇形状に展開している事実を明らかにし、その要因は鉄道路線の影響によるものであるとする扇形理論をとなえた。この理論は、後の同心円地帯理論の原型となった。

2 E.W. バージェスは、人間生態学をその特色とするシカゴ学派に属し、都市の内部が、遷移地帯を中心に、通勤者居住地帯を最も外側にした５つの同心円によって構成されるとする同心円地帯理論をとなえた。

3 C.D. ハリスと E.C. ウルマンは、扇形理論と同心円地帯理論が共に都市発達の核心を単一としていることを批判し、土地利用の形は、むしろ機能的に異なった幾つかの核の周りに形作られていくという多核心理論をとなえた。

4 R.E. パークは、人口密度、同質性、所得水準を都市の基本的な構成要素と考えるとともに、特にそこで展開される特徴的な生活様式に注目して、これをアーバニズムと呼び、集落がアーバニズムを取り入れる過程ないしその度合いを都市化と呼んだ。

5 わが国における都市社会学は、昭和 40 年代の高度成長期における都市の急速な拡大を背景に、アメリカ合衆国の研究を取り入れることから始まったので、第二次世界大戦前からわが国独自の発展を遂げていた農村社会学と交流がなく、全く別の体系の学問領域として現在に至っている。

PointCheck

◉同心円地帯理論…………【★★★】

アメリカの社会学者 E.W. バージェス（1886 ～ 1966）は、都市の土地利用形態を**中心から拡大していく５重の同心円**として描く同心円地帯理論を提示した。

都市の同心円は内側から次のように拡大していく。

中央ビジネス地区→遷移地帯→労働者住宅地帯→中流階級住宅地帯→通勤者居住地帯

◉扇形理論…………【★★★】

アメリカの経済学者 H. ホイト（1895 ～ 1984）は、家賃を指標として、収入の違いによる居住地帯の分布は同心円よりも、中央ビジネス地区から交通路線に沿って**扇形に拡大する**という扇形理論を唱えた。

◉多核心理論…………【★★★】

アメリカの地理学者 C.D. ハリス（1914 ～ 2003）と E.L. ウルマン（1912 ～ 1976）は、同心円地帯理論と扇形理論が都市の中心を１つとしているのに対し、**中央ビジネス地区以外にも都市の中心が複数形成される**という多核心理論を唱えた。

◉**アーバニズム**……………………………………………………【★★★】

アメリカの社会学者 L. ワース（1897 ～ 1952）は、都市的生活様式としてのアーバニズムの概念を提示した。

都市の定義（相対的）	①人口規模が大きく
	②人口密度が高く
	③社会的に異質な人々の永続的な集落

都市の特徴	①表面的、匿名的、一時的人間関係
	②多様化、専門化、相違への寛容性
	③大衆的集合行動

◉**日本の都市社会学**……………………………………………………【★★☆】

日本の都市社会学は、シカゴ学派の影響を受けて東京の都市問題を調査研究した磯村英一（いそむらえいいち）(1903～1997)のほか、鈴木栄太郎や有賀喜左衛門らの農村社会学者によっても進められた。

A45 正解ー3

1ー誤　ホイトの扇形理論についての記述は妥当だが、扇形理論は同心円地帯理論より後に、批判として出されている。

2ー誤　バージェスをシカゴ学派とする記述は妥当だが、同心円地帯理論において中心に位置するのは、遷移地帯ではなくて中央ビジネス地区である。

3ー正　複数の中心地が存在するというハリスとウルマンの多核心理論についての妥当な記述である。

4ー誤　アーバニズムを唱えたのは、パークではなくワースである。また、ワースによる都市の定義は、人口規模、人口密度、異質性によるものである。

5ー誤　日本の都市社会学と農村社会学は、密接な関係をもって発展した。

第5章 家族と地域 Level 1

Q46 シカゴ学派

問 シカゴ学派に関する次の記述のうち、妥当なものはどれか。 (国家一般)

1 W.I. トマスとF.W. ズナニエツキは、『欧米におけるポーランド農民』において、アメリカ合衆国中西部の農村に入植したポーランド移民が、社会解体と再組織化を経験する過程で、その態度をどのように変容させていったかについて明らかにした。

2 E.W. バージェスは、都市では従来抑えられてきた人間の性質が開花するとして、都市における歓楽街や暗黒街など、周囲とは異なる道徳が支配する地域を「道徳地域」として注目し、都市は人間的性質の「社会的実験室」であると説いた。

3 L. ワースは、五重の同心円が拡大する過程として都市の成長を描く同心円地帯理論を提唱し、都心を取り巻く「推移地帯」は、移民や貧困層、犯罪者などが集まる地域であり、犯罪、非行など、都市問題の集積地であると論じた。

4 G.H. ミードは、家族や仲間集団など、対面的・親密的・協同的な集団が、自我の形成に重要な機能をもつと論じ、これを「第一次集団」と呼んだ。さらに、C.H. クーリーは、この概念から着想を得た「一般化された他者」の概念を用い、自我の形成過程について論じた。

5 H.G. ブルーマーは、人間の行為は意味に基づいており、意味は他者との社会的相互作用の中で生まれ、解釈の過程で修正されるとして「象徴的相互作用論」を提唱し、社会を人間によって構成され、変化・変容していく動的で過程的なものとみなした。

PointCheck

◉シカゴ学派……………………………………………………………………【★★★】

アメリカのシカゴ大学は、1920年代から30年代にかけてアメリカ社会学の中心となり、多くの優れた社会学者を輩出した。

⑴ W.I. トマス(1863～1947)

アメリカの社会学者。「状況の定義」の概念の提示や、実証的な調査研究法の確立など大きな影響を与えた。

F.W. ズナニエツキとの共著『ヨーロッパとアメリカにおけるポーランド農民』では、ポーランドおよびアメリカに移住したポーランド人たちの社会解体と再組織化を、文書資料や生活史法を駆使して描いた。

⑵都市社会学

「実験室としての都市シカゴ」を舞台に、さまざまな都市問題に取り組む研究が生まれた。

① R.E. パーク(1864～1944)

人間生態学:**一定の地域における人間の相互依存的競争を研究**する

パークは、**伝統的な社会集団の統制の弱まった都市は、人間本来の性質が示される「社会的実験室」**であると考えた。

②E.W. バージェス
同心円地帯理論（**Q45** 参照）
制度的家族から友愛的家族へ（**Q43** 参照）
③L. ワース
アーバニズム：都市的生活様式（**Q45** 参照）

⑶社会心理学

①G.H. ミード（**Q14** 参照）
I（主我）とMe（客我）
一般化された他者
②H.G. ブルーマー（**Q15** 参照）
シンボリック相互作用論

※そのほか、E. ゴフマン（**Q21** 参照）や、H.S. ベッカー（**Q34** 参照）も、シカゴ大学出身である。

A46 正解－5

1－誤　トマスとズナニエツキは『ヨーロッパとアメリカにおけるポーランド農民』において、ポーランドとアメリカにおけるポーランド農民の社会や生活の変化を描いた。アメリカに移住したポーランド農民たちは都市で工場労働者となり、農民としての価値観や態度を変化させていき、やがて本国との関係が疎遠になっていったという。よって、本肢の「農村に入植した」という点が誤り。
2－誤　バージェスではなく、パークについての記述である。
3－誤　同心円地帯理論を唱えたのはバージェス（**Q45** 参照）。
4－誤　「第一次集団」はクーリーの用語であり、「一般化された他者」はミードの用語である。
5－正　他者との相互作用を重視する、ブルーマーのシンボリック相互作用論（象徴的相互作用論）についての妥当な記述となっている。

Q47 地域社会論

問 地域社会論に関する記述として、妥当なものはどれか。 (地方上級)

1 マッキーヴァーは、地域社会の研究にアソシエーションという概念を提唱して、これを地域性と共同性によって規定し、包括的かつ自生的な集団であるとした。

2 ソローキンとジンマーマンは、地域社会を都市と農村という2つの類型に分けて考察する都市・農村二分法を批判し、都市と農村は連続しているという認識にたって、都市・農村連続法を提唱した。

3 鈴木栄太郎は、地域社会には、商店、官公庁、寺社といった、社会的交流の結節となる機関があるとし、その存在形態により都市と村落とを区別し、都市を序列化した。

4 有賀喜左衛門は、都市社会学者として知られ、わが国の産業革命期における都市社会を調査して、統合機関がおかれているものが都市であるとした。

5 福武直による日本農村の村落類型では、講組型村落は、本家と分家に代表される縦の結合関係をもち、西南日本に多く、同族型村落は対等な各家の横の結合関係をもち、東北日本に多く見られる。

PointCheck

◉都市農村二分法……………………………………………………………………【★★★】

都市と農村を、対照的なものとして分類する考え方。

P.A. ソローキンと C.C. ジンマーマンの二分法

	農　村	都　市
職　業	農業	非農業
環　境	自然	人工的
地域社会の大きさ	小	大
人口密度	小	大
異質性	等質	異質
分化と成層	単純	分化
移動性	少ない	多い
相互作用	一次的接触 (人格的接触)	二次的接触 (非人格的接触)

◉都市農村連続体説……………………………………………………………………【★★★】

都市と農村の違いは連続的、相対的なものであり、実際にはそれぞれのコミュニティは都市と農村という両極の間に位置づけられるという考え方。例えば、L. ワースのアーバニズム論における都市化の程度を問題とする見方など。

民俗―都市連続体説
アメリカの社会人類学者R.レッドフィールドは、メキシコで調査を行い、民俗文化の変容を研究した。孤立性や等質性という観点から民俗―都市連続体説を唱えた。

◉日本の都市社会学・農村社会学……………………………………………………【★★★】

日本の都市社会学・農村社会学における重要概念と論者を以下にまとめる（**Q09** 参照）。

⑴都市の定義：都市と村落を区別するもの

①中心的機能（奥井復太郎）
②結節機関（鈴木栄太郎）
③統合機関（矢崎武夫）

⑵村落の類型

自然村／行政村（鈴木栄太郎）
同族型村落／講組型村落（福武直）

A47 正解－3

1－誤　ここで述べられている特徴はアソシエーションではなく、コミュニティにあてはまる。

2－誤　ソローキンとジンマーマンは都市農村二分法を唱えた。都市と農村の連続性を唱えたのはレッドフィールドやワースである。

3－正　鈴木栄太郎は、商店、役所、寺社など社会的交流の場となる機関を結節機関と呼び、結節機関の存在により都市を農村と区別した（結節機関説）。

4－誤　統合機関説を唱えたのは矢崎武夫。有賀喜左衛門は、都市社会を農村社会と同様に「家連合」としてとらえるべきであるとした。

5－誤　本家と分家に代表される縦の結合関係を持つのは同族型村落、対等な各家の横の結合関係は講組型村落である。同族型村落は東北日本に、講組型村落は西南日本に多い。

Q48 家族論Ⅰ

問 家族に関する次の記述のうち、妥当なものはどれか。（国家一般）

1 定位家族とはある個人にとって生まれ育った家族のことを指し、生殖家族とは子どもを産み育てる家族のことを指す。それゆえ、定位家族と生殖家族が同じ世帯を構成して一つの家族となることはあり得ない。

2 核家族とは夫婦と二人の未婚子から成る家族のことを指し、それよりも規模の小さな家族を小家族、規模の大きな家族を大家族という。したがって、家族規模が縮小する傾向は、しばしば核家族化といわれるが、厳密には、小家族化と呼ぶべきである。

3 合同家族とは、夫婦が役割分業をせず、家事や子育てなどを共同で行うような役割構造を持った家族をいう。これに対し、夫婦が役割分業する家族のことを分離家族という。近年、我が国でも合同家族が増加する傾向にある。

4 直系家族とは、一人の子どもを跡継ぎとして家族を世代的に継続させるものであり、夫婦家族制とは、家族が婚姻によって成立し、夫婦一代限りで消滅するものである。しかし、直系家族制の下でも、すべての家族が直系家族であるわけではない。

5 複合家族制とはすべての既婚子と同居するものである。インドやかつての中国などにみられ、きょうだい間の相互扶助を確保するところに特徴があるが、地理的な移動が困難なため、産業化の進展とともに消滅する傾向にある。

PointCheck

◉核家族 繰り返し確認 ……【★★★】

G.P. マードックは、家族を構成する基本的単位として、**１組の夫婦と未婚の子からなる核家族が、どの社会にも普遍的に存在する**とした（核家族普遍説）。

核家族には、性、経済、生殖、教育の４つの機能があるとした。

◉定位家族と生殖家族 繰り返し確認 ……【★★★】

定位家族とは**出生時に子として属する家族**であり、生殖家族とは**結婚して築く家族**である。実際の家族はこのどちらかに分類されるというわけではなく、例えば核家族は子にとっては定位家族であり、親（夫婦）にとっては生殖家族である。

◉一代家族と世代家族……【★★☆】

夫婦家族（核家族）のように、子が結婚して独立した後、夫婦どちらかの死亡により消滅する家族を一代家族という。

それに対して、直系家族のように、異なる世代間にまたがり、連続性のある家族を世代家族という。

●修正拡大家族 繰り返し確認 ……【★★★】

同居はしていないが、世代間あるいは世代間で核家族どうしに緊密な交流や助け合いがある場合を修正拡大家族という。E. リトワクによって提示された。

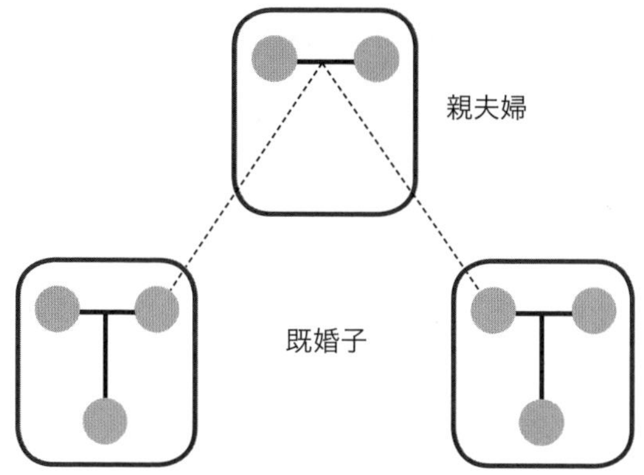

Level up Point!
この問題では似たような言葉で混乱しないようにしよう。家族の類型は頻出なので、論者と類型の組合せだけでなく、それぞれの特徴や違いを整理しておこう。

A48 正解ー4

1 ー誤 定位家族と生殖家族という区別は家族の成員の立場によって異なるので、1つの世帯に定位家族と生殖家族が含まれることはありうる。

2 ー誤 核家族が複数含まれる家族は拡大家族と呼ばれる。核家族よりも規模の小さい家族を「小家族」と呼ぶということはない。なお、核家族はさまざまな家族形態を構成する単位としての概念なので、厳密には核家族のみで構成される家族は夫婦家族と呼ぶべきなのだが、核家族という呼び方が広く用いられている。

3 ー誤 性別役割分業に基づいてこのような区別をすることはない。

4 ー正 直系家族とは、核家族が世代間で結合したもので、各世代には1組の夫婦のみが含まれる。日本のイエ制度における長子相続がその例だが、社会において直系家族が典型的な家族制度とされている場合でも、すべての家族がそのような形態をとるわけではない。

5 ー誤 複合家族とは、核家族が世代内で結合したもので、同じ世代に属する複数の夫婦が含まれる。その場合でも、すべての既婚子が同居するわけではない。一般的には社会により夫方の家族、または妻方の家族のどちらかに同居する。

第５章 家族と地域 Level 2

Q49 家族論Ⅱ

問 家族に関する次の記述のうち、妥当なものはどれか。（国家一般）

1　一般に家族は、夫婦や親子の結合を原型とする親族集団である。また、それは共同の居住を原則とする集団でもある。家族は成員相互の打算的な関係を基礎とし、利潤の追求を第一の目的とすると理解される。それは人間社会の最も基礎的な集団として、社会学の重要な主題の一つであり続けている。

2　婚姻によって成立した一組の夫婦とそこから生まれた未婚の子とから成る家族を、核家族（nuclear family）という。G. マードックは、核家族が近代社会に特有の家族形態であると主張した。これは、近代化とともに従来の複雑な家族形態が単純化する傾向を理論的に把握しようとしたものである。

3　家族の機能をめぐっては、社会学者の間で様々な学説が提示されている。G. マードックは、核家族が、性的・生殖的・経済的・教育的という四つの基本的機能を担うと主張した。これに対してT. パーソンズは、家族は子どもの社会化と成人の安定化という二つの機能を果たすものであると主張した。

4　家族は、それ自体、一つの社会集団としての性格をもつ。T. パーソンズは、核家族の役割構造を分析して、手段的役割と表出的役割とを区別した。前者は集団の課題達成にかかわるもので妻（母）を、後者は成員の緊張緩和にかかわるもので夫（父）を、それぞれ担い手とする傾向があるというのが彼の主張である。

5　家族は、今日、様々な機能不全を生じつつある。アダルト・チルドレンとは、機能不全の家族の中で育ったために、成人後に問題を抱えるようになった者のことをいう。この概念は、1980年代のアメリカ合衆国において広く用いられるようになった。しかし、我が国では、それは必ずしも社会問題化していない。

PointCheck

◉家族の機能 繰り返し確認 ……………………………………【★★★】

⑴ G.P. マードックの核家族の４機能説

①性の機能	夫婦間の特別な結びつきによる協同
②経済の協同の機能	性別役割分業
③生殖の機能	世代間の再生産
④教育の機能	次世代の育成

⑵ T. パーソンズの２機能説

現代の家族に残った機能は次の２つ。

①子どもの基礎的社会化

②成人の（パーソナリティの）安定化

◉道具的リーダーと表出的リーダー 繰り返し確認 ……………………………【★★★】

T. パーソンズと R.F. ベールズは、集団における役割を、集団の目的達成に寄与する道具的（手段的）役割と、集団内の関係の安定化に寄与する表出的役割に分類した。

家族においては一般に、道具的（手段的）リーダーは父親、表出的リーダーは母親である。

◉家族の変化 繰り返し確認 ……………………………………………【★★★】

制度から友愛へ（E.W. バージェスと H.J. ロック）
夫婦家族イデオロギー（W.J. グード）
固有の意味を持った〈子ども〉観の誕生（P. アリエス）

家族社会学の基本的な概念をしっかり身につけるとともに、現代の家族にかかわる時事的な話題にも関心を持つようにしたい。

A49 正解ー3

1ー誤　家族が夫婦や親子の結合によって成り立っているとするのは妥当だが、それが利潤追求を第一とした打算的な関係であるというのはおかしい。特に近代家族においては「友愛」が家族の結合の重要な要素である。

2ー誤　マードックは、核家族が「あらゆる社会」の家族の構成要素としてみられるという核家族普遍説を唱えた。

3ー正　マードックの４機能説と、パーソンズの２機能説についての妥当な記述である。

4ー誤　手段的役割を担うのは夫（父）、表出的役割を担うのは妻（母）であるとするのが正しい。

5ー誤　アダルト・チルドレンとは、もともとはアルコール依存症の親のもとで育ち、成人となった人のことである。親の依存症による家族関係の問題により精神的な外傷（トラウマ）を抱えているとされた。この概念はより一般に機能不全の家族で育った人にも用いられるようになり、社会問題として注目された。現代社会における家族機能の衰退は、アメリカだけでなく日本にも共通した現象であると考えられる。

第5章 家族と地域 Level 2

Q50 都市理論

問 「バージェスの同心円地帯理論」、「ホイトの扇形理論」、「ハリスとウルマンの多核心理論」に関する記述として、妥当なものはどれか。 (地方上級)

1　バージェスは、同心円地帯理論で、都市は、五つの同心円で構成されるとし、中心業務地区を核として、遷移地帯、労働者住宅地帯、中産階級住宅地帯、通勤者地帯が広がるとした。

2　ホイトは、扇形理論で、都市は、中心業務地区や小売業地区などの複数の核から交通路線に沿って住宅地が扇形に展開し、その周辺に重工業地区が港湾や道路などの立地条件に制約されて形成されるとした。

3　ハリスとウルマンは、多核心理論で、中心業務地区を都市の中心の核と捉え、住宅地区、重工業地区、小売業地区などの核がそれを取り巻くように存在し、相互に結合しているとした。

4　ホイトの扇形理論やハリスとウルマンの多核心理論を都市の発展に即して修正したものが、バージェスの同心円地帯理論であり、都市化の新しい形態を反映したものである。

5　バージェスの同心円地帯理論、ホイトの扇形理論、ハリスとウルマンの多核心理論は、都市における人間の空間的分布について、生態学的概念を用いることなく、経済学や文化的要因により体系的に研究したものである。

PointCheck

◉同心円地帯理論（E.W. バージェス） ……………………………………【★★★】

①中央ビジネス地区
　→中央業務地区
②遷移地帯
　→土地の利用形態が変化、スラムが存在
③労働者住宅地帯
　→熟練労働者、移民２世の住宅
④中流階級住宅地帯
　→高級アパート、独立住宅
⑤通勤者居住地帯
　→郊外、衛星都市

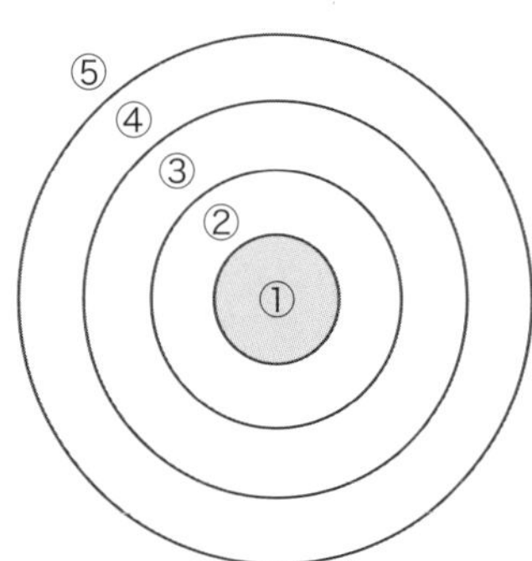

◉扇形理論（H. ホイト）……【★★★】

中央ビジネス地区を中心にして、**交通路線沿いに工業地帯が扇形に形成**され、その周りに労働者住宅地帯が広がる。中流階級および上流階級住宅地帯はそれらから離れて形成される。

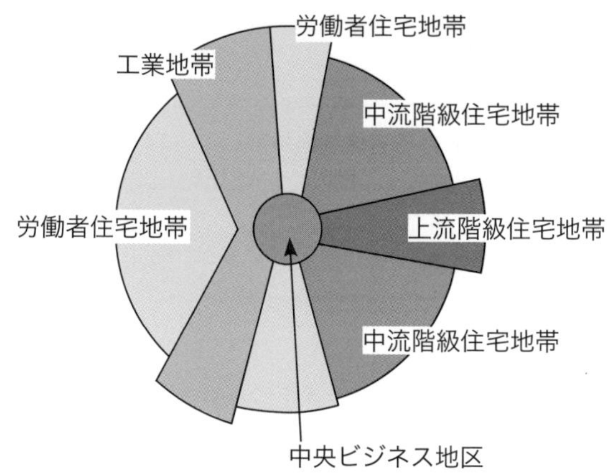

◉多核心理論（C.D. ハリスと E.L. ウルマン）……【★★★】

中央ビジネス地区は存在するが、それ以外にも一定規模のビジネス地区が存在する。軽工業は中央ビジネス地区の周辺に、重工業は都市の外縁に位置する。

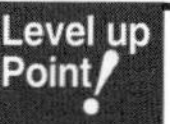

都市理論についてきちんと理解していないと正答できない問題である。この３つの理論は頻出なので、それぞれの特徴や違いをしっかり押さえておきたい。

A50 正解ー1

1－正　バージェスの同心円地帯理論における都市の構造についての妥当な記述である。

2－誤　扇形理論は同心円地帯理論への批判として提出されたが、都市の中心に中央ビジネス地区があることは共通している。よって、「複数の核」が誤り。また、交通路線に沿って工業地区が展開し、その周辺に労働者住宅が広がる。

3－誤　多核心理論では、同心円地帯理論や扇形理論と異なり、中心ビジネス地区は単一ではなく、他にも核が存在する。

4－誤　同心円地帯理論が最も早く提出された。

5－誤　土地の利用形態の分布やその変化に注目するのは生態学的といえる。同心円地帯理論における「遷移」という概念も、もとは植物の生育環境の変化を表す用語である。

第6章 政治・経済と社会

Level 1 p114～p127　Level 2 p128～p133

1 組織社会学

Level 1 ▷ Q51～Q53　Level 2 ▷ Q58

(1)官僚制 ▶p114

① M. ウェーバーの官僚制論における官僚制の特徴

職務の専門化、権威のヒエラルキー、規則、非個人性、公私の分離、文書主義、専門能力と年功による評価

② R.K. マートンの官僚制の逆機能

・「訓練された無能力」

・同調過剰

・人間関係の非人格化

③ A.W. グールドナーの官僚制の３類型

・代表的官僚制

・懲罰的官僚制

・疑似官僚制

④ P. セルズニックの意図せざる結果

・下位集団の利益優先による政策の失敗

(2)コンティンジェンシー理論（T. バーンズと G.M. ストーカー） ▶p117

①機械的管理システム：変化の少ない安定した環境に適合

②有機的管理システム：市場や技術の変化しやすい環境に適合

(3)寡頭制の鉄則（R. ミヘルス） ▶p117

組織は規模が大きくなるにつれ、必然的に寡頭制に至る。

(4)科学的管理法（F.W. テイラー） ▶p118

・作業の科学的分析

・労働者の科学的管理

(5)ホーソン実験（G.E. メイヨー、F.J. レスリスバーガーら） ▶p118

・実験参加によるモラールの上昇

・インフォーマル・グループの重要性

→人間関係論

2 労働

Level 1 ▷ Q54　Level 2 ▷ Q59,Q60

(1)産業分類 ▶p120

第一次産業、第二次産業、第三次産業→区別の不明瞭化

(2)労働組合 ▶p120

・企業別組合：日本に多い

・産業別組合、職業別組合：欧米に多い

⑶雇用調整 ▶p121

・レイオフ（一時解雇）：アメリカに多い

・ワークシェアリング：ヨーロッパに多い

3 脱工業化社会

Level 1 ▷ Q55

D. ベルの脱工業化社会論 ▶p122

①サービス産業化

②イデオロギーの終焉

③理論的知識の中軸化

4 階級・階層

Level 1 ▷ Q56

階級・階層の分類 ▶p124

①マルクス主義の階級論：資本家の搾取による労働者の貧困化

②ウェーバーの階級論：身分（社会的）、階級（経済的）

③旧中間層の縮小と新中間層の拡大

5 宗教

Level 1 ▷ Q57

宗教社会学 ▶p126

M. ウェーバー	呪術からの解放（プロテスタンティズム）→合理性→資本主義
E. デュルケム	集合表象としての宗教
K. マルクス	宗教は上部構造。「宗教は、民衆のアヘンである」
T. ルックマン	世俗化→見えない宗教
P.L. バーガー	宗教は世界に意味を与える「聖なる天蓋」

Q51 官僚制

問 マックス・ウェーバーの官僚制論に関する記述として、妥当なものはどれか。

（地方上級）

1 マックス・ウェーバーは、近代官僚制は合法的支配の最も典型的な形態であり、行政組織のみに見られるものであって、私企業には官僚制化は見られないとした。

2 マックス・ウェーバーは、官僚制組織とは、ピラミッド型の構造を持ち、その作動が客観的に定められた規則と上下の指揮命令関係とによって規律されている組織であるとした。

3 マックス・ウェーバーは、官僚制について、上位者と下位者の相互理解によって設定された規則に基づく代表的官僚制と、上位者ないしは下位者によって強制的に賦課された規則に基づく懲罰的官僚制とに類型化した。

4 マックス・ウェーバーは、官僚は集団への忠誠心を強化し、全体の目的よりも所属する下位組織の目的を重視するようになるため、官僚制全体の目的達成が阻害されることがあるとした。

5 マックス・ウェーバーは、官僚制に必要な諸原理が職員に内面化されたときに、そこに生じる職員の心情と態度が、時と場合によって過剰に表れる現象を、訓練された無能力と呼んだ。

PointCheck

◉ M. ウェーバーの官僚制論 ……………………………………………【★★★】

官僚制：産業化の進んだ19世紀の西欧において、**合理的で能率的な行政組織や経営組織**として成立した。

(1)官僚制の特徴

①職務の専門化：仕事はそれぞれの**専門家によって分業**される

②権威のヒエラルキー：**指揮命令系統はピラミッド型**になる

③規則：職務内容、禁止事項などは**規則によって決められる**

④非個人性：職務から**個人的な配慮は排除**される

⑤公私の分離：職務の公的領域と職員の**私的生活は分離**される

⑥文書主義：やりとりは**文書化され記録される**

⑦専門能力と年功による評価：**能力と年功に基づく給与体系**が職務への動機付けになる

その結果、官僚制は、

・合理的

・閉鎖的

・永続的

・被支配層の平準化と支配層の特権化

という特徴を持つ。

⑵官僚制の正統性

官僚制は、支配の３類型でいう合法的支配にあたる。
※支配の３類型：合法的支配、伝統的支配、カリスマ的支配

◉ R.K. マートンの官僚制の逆機能 ……………………………………………………【★★★】

マートンは、訓練された能力も、条件が変化すると不適当になる場合があることを、ヴェブレンの言葉を借りて「訓練された無能力」と呼んだ。

⑴同調過剰

規則厳守という目標が昇進のための手段になってしまう（目標の手段への転移）。
→保守性、形式主義

⑵人間関係の非人格化

職務に個人的な感情を持ち込まないことが、公衆や顧客に対する**非人格的な態度**となりトラブルを生む。
※ウェーバーが官僚制の合理的側面に注目したのに対し、マートンはその不合理的側面（潜在的逆機能）に注目した。

A51 正解ー２

１ー誤　官僚制は合理的な組織形態であり、行政組織にも私企業にもあてはまる。
２ー正　官僚制では、権威の上下関係による指揮命令が、ピラミッド型の構造として明確に定められている。
３ー誤　代表的官僚制と懲罰的官僚制を区別したのは、グールドナーである（**Q52** 参照）。
４ー誤　組織目標が下位組織の目標に取って代わられることを指摘したのは、セルズニックである（**Q52** 参照）。
５ー誤　官僚制の逆機能として「訓練された無能力」を挙げたのは、マートンである。

Q52 組織論

問 官僚制および組織体に関する次の記述のうち、妥当なものはどれか。 (国税専門官)

1 官僚制は国家統治の必要性から生じる必然的産物であり、国家の発生以来存在しているが、M. ウェーバーの規定する近代的官僚制の成立は、科挙による人材登用が行われた中国の官僚制に求められている。

2 M. ウェーバーは、官僚制は他の支配形態と比べて、複雑で大量の業務を最高の能率で処理できること、仕事の結果について正確に予想できること、達成すべき目標を自ら設定できることにおいて優越しており、近代社会ではほとんどの組織が官僚制的になっていくと主張した。

3 R.K. マートンは、フォーマルな規則、順序のみによって構成される厳格な官僚制は、組織を巡る環境条件の変化、組織の人的構成の変化等にかかわらず必然的に事務効率が減退し、組織の目標達成がかえって阻害されてしまうとして、官僚制の逆機能への注意を促した。

4 A. グールドナーは、組織管理について機械的システムと有機的システムという2つの理念型を設定した。彼は、組織は安定した環境の下では前者を、技術や市場の変化が急速な環境の下では後者を選択する傾向があると主張した。

5 R. ミヘルスによると、革新的な政党や労働組合であっても、指導層の動機の変容と組織体の官僚制化は避けることができず、結果として組織体がその指導層の権力と利益のための手段となり、支配権力は常に少数者によって行使される。彼はこれを「寡頭制の鉄則」と呼んだ。

PointCheck

◉ A.W. グールドナーの官僚制の3類型 ……………………………………………【★☆☆】

グールドナーは石膏岩を採掘する会社の組織を研究し、規則の面から次のような類型を提示した。

代表的官僚制	上位者と下位者の間で**規則に合意がある**。規則は自発的に守られる。
懲罰的官僚制	**規則が上位者から下位者に強制され**、規則の厳守自体が目的化する。下位者は規則に自発的には従わないので、さらに厳しい規則が作られるという悪循環が生じる。
疑似官僚制	上位者も下位者も**規則を尊重しない**。

◉ P. セルズニックの住民参加の意図せざる結果 理解を深める ……………………【★☆☆】

セルズニックは、ニューディール政策におけるTVA(テネシー渓谷開発公社)を研究した。そこでは、地元の団体が計画に参加する「草の根民主主義」の方法がとられたが、**参加者が自分の属する集団の利益を優先**したために、計画は当初の目標と違ってしまった。

◉コンティンジェンシー理論………………………………………………………………【★★☆】

T. バーンズとG.M. ストーカーは、電子産業の事例研究から、管理システムには次の2つのタイプがあるとした。

機械的管理システム	ヒエラルキーによる統制、職務の細分化、マニュアル化（＝官僚的）	**変化の少ない安定した環境に適合**
有機的管理システム	組織成員による統制、職務の定義は緩やか（＝柔軟）	**市場や技術の変化しやすい環境に適合**

※「コンティンジェンシー」とは条件に依存するということ。組織を取り巻く環境により、適合的な管理システムは異なるという点からこう呼ばれる。

◉ R. ミヘルスの寡頭制の鉄則 繰り返し確認 ……………………………………【★★★】

ミヘルスは、ドイツ社会民主党と労働組合の研究から、**すべての組織は規模が大きくなるにつれ、その主義主張に関係なく、必然的に寡頭制（エリートによる支配）に至る**という「寡頭制の鉄則」を唱えた。

A52 正解－5

1－誤 ウェーバーは、近代官僚制は産業化の進んだ近代ヨーロッパにおいて成立したとしている。

2－誤 官僚制の特徴を述べている前半部分は正しいが、「ほとんどの組織が官僚制的になっていく」という部分は妥当ではない。

3－誤 マートンは官僚制の逆機能の可能性を指摘したが、「必然的」とはいっていない。

4－誤 コンティンジェンシー理論の説明となっているが、ここで述べられているのはバーンズとストーカーの研究である。グールドナーはコンティンジェンシー理論の論者ではない。

5－正 民主主義を唱える集団であっても、規模の拡大とともにエリートによる支配に至るというミヘルスの寡頭制の鉄則についての妥当な記述である。

Q53 労働の組織・システム

問 **労働に関する次の記述のうち、最も妥当なのはどれか。** (国家一般)

1 内部労働市場とは、企業が従業員の採用を、経営者や従業員の縁故者等の限られた範囲で行う場合をいい、経営における腐敗や非効率性の温床と考えられてきた。

2 非正規雇用とは、企業が最低賃金、労働時間、有給休暇、安全基準、解雇の通知等に関する法律を遵守せず、法の枠外で労働者を雇用する形態のことを意味する。

3 テイラー・システムとは、過度の効率重視の管理を批判して、個々の労働者の特徴に合わせて労働過程を編成し疎外感を緩和することによって高生産性を目指した労働管理方法である。

4 フォード・システムとは、ベルト・コンベアを中心とする管理方式であり、大量生産・大量消費を基礎とする社会形態と生活様式を生み出す一方、労働の非人間化に関する批判を受けた。

5 ホーソン実験とは、工場内の作業効率とは一見無関係な室内温度、照明といった物理的作業条件が、作業効率を高めることを明らかにした米国での実証研究をいう。

PointCheck

◉科学的管理法……【★★★】

20世紀初め、アメリカの製鉄所の技師長であったF.W.テイラーは、**生産性向上のための科学的管理法**（テイラー・システム）を案出した。

①作業の科学的分析：標準作業時間や標準作業指示書の作成

②労働者の科学的管理：労働者の選択と訓練、出来高賃金制度

◉フォード・システム……【★★★】

フォードは自動車生産に流れ作業を導入し、大量生産を可能にした。部品の規格化、工程の標準化、単純労働者の雇用によるコスト削減、大量生産による価格低下が特徴である。また、このような大量生産・大量消費に基づく経済体制をフォーディズムとも呼ばれる。

◉ホーソン実験……【★★★】

1927～1932年、G.E.メイヨーらはシカゴにあるホーソン工場でさまざまな実験と調査を行い、組織における人間関係の重要性を明らかにした。

①照明実験：照明の強度にかかわらず、実験により作業能率は上昇

→実験に参加し、注目されることで従業員の士気（モラール）が上がった。

②**労働者の意識は職場の人間関係の影響を受ける。**

③労働者の生産性は、公式な規則ではなく、**非公式な仲間集団の規範によって決まっていた。**

これらのことから、科学的管理法が目指したような合理性や能率性よりも、**職場の非公式な人間関係（インフォーマル・グループ）が重要**であることが明らかになった。

◉人間関係論……………………………………………………………………………【★★★】

科学的管理法における「経済人（ホモ・エコノミクス）」的人間観（合理的で営利を追求する存在としての人間）ではなく、感情や人間関係の影響を受ける「社会人」的人間観に基づいて、小集団や組織について研究する。G.E. メイヨーやF.J. レスリスバーガーらのホーソン実験から展開した。

A53 正解ー4

1ー誤　労働力の需給メカニズムに関して、企業外部からの採用ではなく、企業組織内部での移動配分により労働力を調整する仕組みを内部労働市場という。縁故であっても組織外からの新規採用であれば、内部労働市場には含まれない。

2ー誤　非正規雇用とは、契約社員、派遣社員、パート、アルバイトなどで、期間を定めた短期労働契約を指す。当然、労働法規制は遵守されなければならない。

3ー誤　テイラー・システムは、標準時間・作業量の設定、機能別職長制度を含む、むしろ効率重視の科学的管理で、個々の労働者の人間性を無視しているとの批判がある。

4ー止　企業経営、生産管理の視点からの大量生産・流れ作業システムであり、非人間的労働の象徴とまでいわれた。

5ー誤　物理的な作業条件の実験から始まったホーソン実験は、作業効率がインフォーマルな人間関係に影響を受けることを明らかにした。

Q54 労働

問 労働に関する次の記述のうち、妥当なものはどれか。 （国家一般）

1 労働とは、人間が生存の必要のために対象に働きかけ、価値を生み出す活動と理解される。その際にモノに働きかける労働を肉体労働といい、シンボルあるいはヒトに働きかける労働を非肉体労働という。サーヴィス産業化やコンピューター化とともに前者が拡大し、また、両者の境界が明瞭になりつつある。

2 労働をめぐっては、これまで様々な社会学説がある。K. マルクスは近代資本主義社会における労働者を、「二重の意味で自由な」存在として規定した。これは労働者が、①人格的に自由ではあるが、②生産手段を持たず、自己の労働力を商品として売らなくてはならない存在である、ということを指す。

3 代表的な社会学者であるE. デュルケームとM. ウェーバーも、それぞれの関心から労働の問題にアプローチしている。デュルケームは、人々が分業を通して機械的に連帯し合っている社会として近代社会を描いた。ウェーバーは、近代資本主義精神の起源をプロテスタンティズムの営利欲求に求める研究を行った。

4 労働組合は労働条件の維持・改善のために、労働者が自主的に結成する団体である。それは労働者が、個人として使用者と取引することの不利性を是正する機能を持つ。欧米諸国の労働組合が企業別に組織されているのに対して、我が国の労働組合は職種別ないしは産業別に組織されているのが普通である。

5 労働者の雇用をめぐる状況にも、今日、様々な変化が生じている。企業内で発生した過剰雇用を調整することを雇用調整という。これには大きく分けて、労働時間による調整と人員削減による調整とがあるといわれる。一般にワークシェアリングと呼ばれる調整は後者に当たる。

PointCheck

◉産業の３分類 ……【★★☆】

第一次産業	農林水産業など
第二次産業	鉱業、製造業、建設業など
第三次産業	商業、運輸・通信業、金融・保険業、公務、サービス業など

※第二次産業比率増加→工業化
　第三次産業比率増加→脱工業化

◉労働組合 ……【★★★】

(1)企業別組合

職種を問わず、**企業を単位として正社員中心に組織される労働組合。日本の労働組合の多くはこの形態**である。経営側と協調しやすい。

⑵産業別組合

同一産業で働く労働者が、その**産業を単位として組織する労働組合。**欧米の労働組合に多い。

⑶職業別組合

勤務先の企業ではなく、**職業や技能を単位として組織される労働組合。**欧米における初期の労働組合に多かった。

◉雇用調整の方法……………………………………………………………【★★☆】

⑴レイオフ（一時解雇）

再雇用を前提とした**一時的解雇。**アメリカ合衆国で不況対策としてとられることの多い方法。勤続年数の短い労働者から一時解雇され、長い労働者から再雇用される。

⑵ワークシェアリング

従業員１人あたりの労働時間を減らすことによって、雇用を増やしたり維持したりする。ヨーロッパで発展した方法。

A 54 正解－２

１－誤　サービス産業化やコンピューター化によって増えるのは肉体労働ではなく、非肉体労働である。また、例えば工場での生産に従事する場合、オートメーション化が進んだために仕事の内容がコンピューター操作などの非肉体労働的になったり、サービス業における労働がマニュアル化された単純労働になるなど、肉体労働と非肉体労働の境界は不明瞭になってきているといえる。

２－正　マルクスは、近代資本主義社会における労働者は、封建的身分制度から自由であり、生産手段としての土地からも切り離されていることから、「二重の意味で自由」であるとした。

３－誤　デュルケムは近代社会は分業に基づいて「有機的に連帯」していると論じた。また、ウェーバーが資本主義精神の起源としたのは、プロテスタンティズムの「世俗内禁欲」の規範である。

４－誤　日本に多いのは企業別組合であり、欧米に多いのは職種別あるいは産業別組合である。

５－誤　ワークシェアリングは労働時間による調整法である。人員削減による労働調整法にはレイオフ（一時的解雇）がある。

Q55 脱工業化社会

問 **D. ベルの脱工業化社会論に関する次の記述のうち、妥当なものはどれか。**（地方上級）

1　脱工業化社会においては、科学技術革命によって、資本主義社会と社会主義社会の相違が顕著になり、イデオロギー的対立が激しくなる。
2　脱工業化社会論においては、技術革新と政策策定の根幹としての理論的知識が社会の中心に据えられており、大学や研究所が社会の中軸構造を形成する。
3　脱工業化社会論においては、社会構造、政治形態、文化それぞれの部門において共通する同一の中軸原則が働いており、各部門の間に対立・矛盾は発生しない。
4　脱工業化社会においては、財貨生産経済からサービス経済への転換が進むとともに、専門職・技術職階層の優位性が低下する。
5　脱工業化社会においては、新しい知的技術を創造することとその担い手による政策策定が重要になり、政治家は社会の管理者としての役割を失う。

PointCheck

◉脱工業化社会（脱産業社会）……………………………………………………………【★★★】

1960年代以降、**高度経済成長を経た後の社会**を、伝統社会、産業社会に次ぐ段階として、脱工業化社会（脱産業社会、高度産業社会）と呼ぶようになった。

⑴ D. ベルの脱工業化社会論

①高度産業社会では**階級対立が消滅**する（イデオロギーの終焉）。
②**情報、知識、サービスを扱う産業が重要性を持つ**。
③**専門・技術的職業の役割が拡大**する。
④テクノクラート（専門知識を持つ官僚）と政治家（各集団の利益代表）の対立・矛盾が生じる。

⑵知識社会

理論的知識が社会のあらゆる領域において、その発展の重要な要因となる社会。知識産業の重要性が増す。

⑶情報社会

財の生産よりも、情報の生産が経済活動において重要性を持つようになった社会。知識労働者の役割が大きくなる。またコンピューターや高速通信が社会生活に普及し、その基盤となる。

⑷ゆたかな社会

経済学者J.K.ガルブレイスは、現代社会は失業や貧困が問題となったそれまでの「貧しい社会」から、消費、国家財政の悪化、慢性のインフレ、公共サービスなどの新しい問題を抱えた「ゆたかな社会」になると論じた。

◉イデオロギーの終焉……………………………………………………………………………【★★☆】

1960 年代から、産業が高度に発達すると、**資本主義社会と社会主義社会の間に本質的な違いはみられなくなり、イデオロギー対立は消滅する**という「イデオロギーの終焉」論が、D. ベルや S.M. リプセットらによって唱えられた。

R. ダーレンドルフは、現代の資本主義社会では労働法制や労働組合が制度内に取り込まれているとして「階級闘争の制度化」を指摘した。

1980 年代末から 90 年代にかけて東西冷戦が終結すると、アメリカの政治学者 F. フクヤマは、民主主義と資本主義が世界の主流となり、政治体制の変動が起こらなくなるという「歴史の終わり」論を唱えた。

A55 正解－2

1－誤　科学技術革命は、資本主義社会と社会主義社会の本質的差異を消滅させ、イデオロギー対立は終焉を迎えるとされた。

2－正　脱工業化社会において重要な産業となるのは、知識や情報を扱う産業である。そのため、理論的知識を要する専門的職業の役割が大きくなる。

3－誤　社会構造、政治形態、文化ではそれぞれ異なる中軸原則が働き、部門間に対立が生じるとされる。

4－誤　サービス経済への転換は、産業における知識の重要性を増大させるので、専門職、技術職階層の優位性は高まる。

5　誤　脱工業化社会においても、対立する諸集団の利益を調停する役割は政治家が担うとされる。

Q56 階級・階層

問 社会学における階級に関する次の記述のうち、最も妥当なのはどれか。 （国家一般）

1 P.A. ソローキンは、階級という概念を提唱し、社会的諸資源の配分の結果によって複数の階級が形成されていく過程を明らかにし、さらに、社会的な分業が進展することによって配分が平等化され、階級が解体するとした。

2 K. マルクスは、「疎外された労働」という概念を用いて、資本家階級に属する者のみが生産手段を私有する状況を批判した上で、全ての人々がそれぞれ生産手段を私有することによって、階級対立を克服することができると主張した。

3 R. ダーレンドルフは、産業社会の成熟にともなって、各階級間で対立する利害が減少し、むしろ互いの利益が一致する機会が増大したことによって、階級闘争が形骸化したことを、「階級闘争の制度化」という概念を用いて説明した。

4 P. ウィリスは、イギリスにおける労働者階級の若者世代を研究し、こうした世代が親の世代の文化に反発することによって、社会で蓄積された知識や文化を習得する機会を失い、結果として労働者階級としてのアイデンティティを主体的に再生産していく過程を明らかにした。

5 A. ギデンズは、固定的な構造よりも動的な構造化の過程を重視して、階級構造化の理論的枠組みを提示し、それに基づいて階級構造を成立させる原因や諸々の階級間関係の展開などについて分析した。

PointCheck

◉階級と階層……【★★★】

⑴階級

階級とは、**社会的地位の共通性に基づいて、人々を明確に区別するカテゴリー**である。例えば、伝統的社会における「貴族階級」と「平民階級」や、マルクス主義における「資本家階級」と「労働者階級」などである。

⑵階層

階層または社会階層とは、**社会的地位の相対的な位置によって人々を序列化**するものである。ここでの社会的地位とは、例えば、職業、学歴、収入などである。

◉ K. マルクスの階級論……【★★★】

マルクスは資本主義社会において、**生産手段を所有する資本家階級が、労働者階級を搾取することにより**、労働者階級は貧困化すると論じた。

◉ M. ウェーバーの階級論……【★★★】

身分：**生活様式、教育程度、出自や職業に基づく威信によって構成された特権**

階級：**財産の有無や機会に基づく経済的な区分**

◉旧中間層と新中間層……【★★☆】

旧中間層：**小農民、中小零細商工業者**

新中間層：**専門、管理、技術、事務、販売などのホワイトカラー層**

※産業化、資本主義化が進むと**旧中間層が減り、新中間層が増える。**

知識を広げる

中流意識

自分がどの階層に属しているかという主観的な認識を階層帰属意識という。日本人の多くは自分が中流階級に属しているという「中流意識」を持っているとされる。

また、日本は諸外国に比べると社会階層による不平等が小さい社会であると考えられてきたが、近年では不平等（格差）が拡大してきているという議論もある。

◉文化的再生産……【★★☆】

P. ウィリスは『ハマータウンの野郎ども』で、なぜ労働者階級の子どもが親の階級文化を受け継ぎ労働者となっていくのかを考察した。従来いわれるような、学校による選別で労働階級を選択せざるをえなくなるのではなく、彼らが学校教育の欺瞞（ぎまん）に対して反抗し、労働者の生き方を意識的に選択（文化的再生産）しているとウィリスは指摘した。

A56 正解－5

1－誤　「階層」の概念はソローキンが『社会移動論』で提唱したもの。マルクスらによって主張されていた本肢のような「階級」は、社会的な分業の進展が階級を形成するとしたものである。

2－誤　マルクスは私的所有によって労働者が搾取され、人間的に疎外される状況が生じるとした。それゆえ生産手段の共有による社会主義を主張するのである。

3－誤　政治参加や労働立法などにより階級闘争が社会的に承認された形で行われることが「階級闘争の制度化」であり、利害対立の減少や闘争の形骸化を意味するものではない。

4－誤　ウィリスの文化的再生産とは、学校教育に反発する労働者階級の若者世代が、労働者階級の文化を主体的に継承していくことを指摘したものである。

5－正　階級の構造化とは、「構造の二重性」（**Q23** 参照）により階級構造が積み上がって成立する動的な過程であり、機能主義的な固定的状態ではない。

Q57 宗教

問 宗教の諸理論に関する次の記述のうち、妥当なものはどれか。 （国税専門官）

1 K. マルクスは、社会進化論的な立場から、宗教を人間の成熟段階における秩序統合原理であるとし、宗教は人間や社会の進化を促進する役割を果たすと主張した。
2 E. デュルケームは、宗教を個人表象とは異なる別個の存在である集合表象ととらえた。また、集合沸騰に着目して、宗教が社会を分裂させる機能をもつ点を強調した。
3 M. ウェーバーは、ユダヤ教、キリスト教、仏教、儒教などの比較研究を行い、いずれの宗教も「呪術からの解放」という合理化への志向性を同程度にもつと論じた。
4 T. ルックマンは、現代では、宗教に包摂されていた政治や経済などの社会的諸制度が自律化し、個々人が私的に構築する「見えない宗教」が優勢になると論じた。
5 P. バーガーは、カオス、ノモス、コスモスを、人間の規範秩序構築活動の各局面ととらえ、特にカオスが「聖なる天蓋（てんがい）」として規範秩序の維持を保障すると論じた。

PointCheck

◉宗教社会学……………………………………………………………………【★★☆】

⑴ M. ウェーバー

①『プロテスタンティズムの倫理と資本主義の精神』において、**プロテスタンティズムの宗教倫理が、西欧近代における資本主義の成立を可能にした**と説いた。
また、古代ユダヤ教、ヒンドゥー教、儒教や道教などの宗教倫理を比較し、ユダヤ教からプロテスタンティズムへとつながる西欧においてのみ近代化が可能であったとした。

②呪術からの解放（脱呪術化）：ウェーバーは、ユダヤ教やキリスト教（プロテスタント）などの一神教における呪術性の排除が、近代合理主義を可能にしたとする。

⑵ E. デュルケム

①デュルケムは、アニミズム（精霊崇拝）やトーテミズム（特定の動物などを部族の祖先とする考え方）などの「未開宗教」の研究から、宗教の起源を明らかにしようとした。

②デュルケムは、**宗教とは世界を「聖」と「俗」に二分する集合表象である**とした。集合表象とは、個人表象とは違って、集団において成立する表象であり、個人表象を拘束するものである。

③『自殺論』では、**社会的統合の強いカトリックのほうが社会的統合の弱いプロテスタントよりも自殺が少ない**ことを主張した。

⑶ K. マルクス

マルクスの史的唯物論においては、**宗教は経済という下部構造によって規定される上部構造の一種である**。また、「宗教は、民衆のアヘンである」と述べたことでも知られる。

⑷ T. ルックマン

見えない宗教

現代社会では、教会など制度的な宗教は弱まり、宗教が個人化したために宗教として見えにくくなっている。それは、現代社会では政治、経済、文化などが自律的に合理性を追求するため（世俗化）、宗教が体系的な世界観を人々に与えられなくなったからである。

⑸ P.L. バーガー

バーガーは、宗教とは社会が世界に意味を与えるために築く「**聖なる天蓋**」であるとした。規範的秩序であるノモスは、カオス（混沌、無規範）を排除することにより、世界の根本的秩序であるコスモスとなる。

知識を広げる

一神教と多神教

ユダヤ教、キリスト教、イスラム教のように、唯一絶対の神のみを認める宗教を一神教という。それに対し、日本の神道のように複数の神を認める宗教を多神教という。

知識を広げる

世界宗教と民族宗教

ユダヤ教やヒンドゥー教のように特定の民族によって信仰されている宗教を民族宗教という。キリスト教、イスラム教、仏教のように特定の民族を超えて信仰される宗教を世界宗教という。

A57 正解ー4

1ー誤　マルクスは宗教を上部構造の1つと考えているので、社会進化を促進するというのは誤り。

2ー誤　集合沸騰とは、集団が興奮状態になることであるが、それはむしろ社会を一体化させる。

3ー誤　ウェーバーは、合理化の志向は西欧のプロテスタンティズムで強く、他の宗教では弱いとした。

4ー正　政治、経済、文化が宗教から自律したというルックマンの「見えない宗教」に関する妥当な記述である。

5ー誤　「聖なる天蓋」が指すのは、カオスではなくコスモスである。

Q58 組織

問 組織に関する次の記述のうち、妥当なものはどれか。 （国家一般）

1 M.ウェーバーによれば、近代官僚制とは、仕事や権限が規則によって決められており、階統的な権限体系があって、カリスマ的な態度によって仕事が遂行され、専門的な能力に基づいて人材が登用される大規模な組織であり、極めて効率的な支配の手段である。

2 V.パレートは、政党や労働組合のような民主的な組織においても、規模が大きくなると少数のエリートが固定化された指導層を形成して、権力を追求するようになる傾向があると指摘し、この傾向を寡頭制の鉄則と呼んだ。

3 R.K.マートンのいう官僚制の逆機能とは、本来、組織目標を達成するための効率的な手段であるはずの規則が自己目的化して、形式主義や技術主義に陥り、組織目標の達成が阻害されることである。

4 A.エチオーニは、下級管理者とそれに従う成員との命令・服従関係に注目して、強制的組織、功利的組織、規範的組織の三類型を導き出した。ここで、規範的組織とは、象徴的価値を配分する報酬的権力とそれへの成員の打算的関与によって特徴づけられる。

5 C.バーナードは、組織の有効性を高めるためには、成員の満足度を高める必要があると論じて、組織を構成する単位がそれぞれ自律性を持ち、個人のイニシアティブによって水平的で柔軟な協働関係を実現するネットワーク型組織を提案した。

PointCheck

◉ A.エチオーニの組織論 理解を深める ……………………………【★☆☆】

エチオーニは、**組織における権力のタイプと成員の服従のタイプにより組織を分類**した。

⑴権力のタイプ

強制的権力	武力や強制力に基づき、肉体的処罰の適用や適用の脅迫によって成立
報酬的権力	賃金や物品、サービスなどの報酬に対する統制に基づく
規範的権力	共通の文化、価値観、ライフスタイルの共有に基づき、リーダーシップ、儀式、評価と威信の象徴の配分などの象徴的報酬の操作によって成立

⑵服従のタイプ

疎外的関与	強い否定的なオリエンテーション
打算的関与	否定的でも肯定的でも強度の弱いオリエンテーション
道徳的関与	規範の内面化による服従。高度に肯定的なオリエンテーション

⑶組織のタイプ

強制的組織	強制的権力＋疎外的関与。強制収容所、刑務所など
功利的組織	報酬的権力＋打算的関与。私企業、政府機関など
規範的組織	規範的権力＋道徳的関与。教会、病院、大学など

知識を広げる

バーナードの組織論

C.I. バーナードは組織を**協働的なシステム**としてとらえた。

⑴組織の３要素

①協働（貢献）意欲	参加者の意欲を高めるには報酬が重要
②共通目的	経営者の役割は共通目的を示すこと
③伝達（コミュニケーション）	共通目的を成員に周知させるには、コミュニケーションが必要

⑵組織の能率

能率：協働に参加することで得られる満足の程度

→経済的報酬だけでなく、是認や地位などの非経済的誘因が重要

⑶権威の受容理論

権威とは上から下に行使するものではなく、下位にいる者によって受容されるコミュニケーションである。権威が受容され、命令が問題なく受け入れられるような場を無関心圏という。

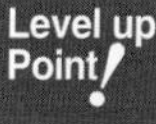

組織社会学についてのややくわしい出題ではあるが、マートンなどの古典的理論がしっかり身についていれば問題なく解ける。

A58 正解－3

1－誤　「カリスマ的態度」が誤り。官僚制は支配の３類型でいえば合法的支配にあたる（**Q51** 参照）。

2－誤　寡頭制の鉄則を唱えたのは、パレートではなくミヘルス。パレートはエリートの周流を唱えた（**Q07** 参照）。

3－正　規則に従うことが形式主義に陥るという、マートンの官僚制の逆機能に関する妥当な記述である。

4－誤　エチオーニの規範的組織とは、象徴的価値を配分する規範的権力と、道徳的関与によって成り立つ組織である。報酬的権力と打算的関与によって特徴づけられるのは功利的組織である。

5－誤　バーナードは権威そのものを否定したわけではないので、水平的な協働関係というのが誤り。

Q59 労働

問 労働に関する次の記述のうち、最も妥当なものはどれか。 （国家一般）

1　労働力商品が売買される労働市場は、内部労働市場と外部労働市場に分類できるが、一般に非熟練労働者や半熟練工などの熟練レベルが低い職種ほど、内部労働市場に依存し、専門職や熟練工などの熟練レベルが高い職種ほど、外部労働市場に依存する。

2　労働者の雇用資格と労働組合員資格との関係を定めた制度は、一般に、オープンショップ制、クローズドショップ制、ユニオンショップ制の三つに分類できるが、このうち労働組合の影響力が最も低下するのは、クローズドショップ制の場合である。

3　フレキシブル労働とは、市場の変化に柔軟に対応できる労働のことをいい、従来の正規雇用に対し、パートや派遣社員などの雇用形態を表しているほか、企業が従来の賃金体系を見直し、新たに生活給や職能給の導入を進めていることなどの賃金形態の変化についても表している。

4　R. ブラウナーは、労働者の疎外を、無力性、無意味性、孤立、自己隔離という四つの次元に区別して研究し、疎外が、連続処理工程型産業（石油化学）、組立ライン型産業（自動車）、機械監視型産業（繊維）、熟練技能型産業（印刷）、と順に強まっていくことを明らかにした。

5　A.R. ホックシールドは、対人サービスに従事する現代の労働者に求められる、適切な感情状態や感情表現を作り出す感情管理のことを、感情労働としてとらえ、優しさや非情さといった感情を表面的にではなく、心から経験する技術が存在することを指摘した。

PointCheck

◉ブラウナーの疎外論……………………………………………【★☆☆】

⑴疎外の４類型

R. ブラウナーは、労働者の体験する疎外として次の４つを挙げた。

①無力性	生産手段や生産物からの分離など。
②無意味性	自分の役割を全体構造と関連付けて把握できない。
③孤立	職場などの集団に一体化できない。
④自己疎隔	労働がそれ自体目的ではなく、他の目的のための手段である。

⑵産業の４類型

産業は用いられている技術によって、次のように区分される。

①熟練技能型産業	機械化の程度が低い。印刷業など。
②機械監視型産業	機械の動きを監視する低熟練の反復的作業。繊維産業など。
③組立ライン型産業	機械化の程度が高い。極度に反復的な低熟練の作業。自動車産業など。
④連続工程型産業	高価な装置が導入され、機械化の程度は極めて高い。作業は反復的ではなく、異常への対処など精神的な責任が要求される。化学産業や石油産業など。

※これらの産業の違いによって、労働者の疎外状況にも違いが生じる。

◉ホックシールドの感情労働論……【★☆☆】

A.R. ホックシールドは、対人的なサービス業に従事する人は、**仕事をするにあたって自分の感情を操作することを求められている**ことを指摘し、それを「感情労働」と呼んだ。「感情労働」は賃金と交換されるという点で、日常生活における感情の管理とは区別される。

例えば、飛行機の客室乗務員はどんなに悪質な乗客にも笑顔で対応しなければならないが、そのとき求められるのは表層的な演技ではなく、笑顔が演技にならないように自分の感情をコントロールする（つまり本心から笑顔になる）ことである。

肉体労働者が自己の生産物から疎外されていたように、感情が商品化された現代の感情労働者は自己の感情から疎外されている。

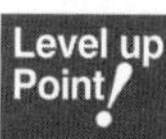

経済学など社会学と関連のある分野についても、知識を広げておく必要がある。また、ブラウナーやホックシールドの議論では、労働の内容と疎外の関係を考える必要がある。

A59 正解－5

1－誤　企業組織内での労働力の需給調整機能を指して内部労働市場というが、内部労働市場に依存するのは熟練レベルが高い職種である。

2－誤　雇用資格と労働組合の関係には、雇用と労組への加入が無関係のオープンショップ制、労組加入者から雇用されるクローズドショップ制、雇用されたら労組に加入しなければならないユニオンショップ制があり、労働組合の影響力が最も低くなるのはオープンショップ制である。

3－誤　生活給や職能給は、日本では正規雇用の労働者に適用されてきた制度である。フレキシブル労働とは、オランダの雇用制度改革で注目された労働形態で、常勤でない期限付きの臨時雇用のことである。

4－誤　労働者の疎外の程度は、熟練技能型産業と連続工程型産業で低く、組立ライン型産業で高いとされる。

5－正　感情労働についての妥当な記述である。優しさだけでなく、非情さが必要な職業とは例えば、集金人である。

Q60 若年者の雇用・就業

問 若者等の雇用をめぐる状況に関する次の記述のうち、最も妥当なのはどれか。

（労働基準監督官改題）

1 我が国における義務教育課程の児童生徒数は、平成10年度をピークに減少し続けており、平成30年度は約500万人となっている。また、高等学校教育課程の生徒数も平成5年度をピークに減少を続けている。

2 総務省「労働力調査」によれば、平成20年（年平均）の15～34歳の労働力人口は約2,000万人であったが、大学及び短期大学への進学率が上昇したことに伴い当該人口は増加傾向で推移し、平成30年には2,500万人となった。

3 15～34歳の若者の近年の完全失業率の推移についてみると、平成21年と平成22年に急激に上昇した後、平成23年からは低下に転じた。当該完全失業率は平成30年には3.4%となり平成22年より半減した。

4 厚生労働省「新規学校卒業者の就職離職状況調査」によって在職期間別離職率をみると、平成28年3月卒業者の就職後3年間の離職率は、中学校卒業者では就職者全体の3割程度、高等学校卒業者では4割程度、大学卒業者では6割強となっており、また、ここ数年、大学卒業者の当該割合が高まっている。

5 総務省「労働力調査（詳細集計）」により、いわゆるフリーターの人数をみると、平成15年は150万人程度であったが、その後は経済状況の悪化を背景として増加傾向で推移し、平成30年には217万人に達した。

PointCheck

◉若年者の雇用・就業状況……………………………………【★★☆】

⑴若年労働力人口は減少

15～34歳の労働力人口は1990年代後半から減少に転じ、平成30年には1,743万人。年齢階級別では、15～24歳が583万人、25～34歳が1,160万人である。労働力率（当該年齢階級における労働力人口の全人口に占める割合）をみると、15～24歳ではやや増加傾向にあるが、25～34歳では若干減少している（平成30年度労働力調査）。

⑵就職・失業状況

就職率は、中学校卒業者0.2%、高校卒業者17.5%、大学卒業者81.4%。高校卒業者の5.0%、大学卒業者の7.0%は進学も就職もしていない。

失業率はこのところ改善が続くが、平成30年には15～24歳が3.6%、25～34歳が3.4%となっており、いずれの年齢階級も全体と比較すると高い水準にある。

⑶非正規雇用者比率は緩やかな上昇傾向

15～24歳では平成21年から上昇傾向に転じ、平成30年には50.2%と、全体の37.9%より高い。25～34歳では2000年代以降緩やかな上昇傾向にあったが、平成30年は25.0%となり若干減少した。

⑷若年労働者の高い離職率

平成29年の男性では19歳以下が37.2%、20～24歳が25.8%、25～29歳が17.5%。女性では19歳以下が44.3%、20～24歳が27.3%、25～29歳が24.6%である。

◉若年無業者、フリーターの状況……【★★☆】

⑴若年無業者

若年無業者（ニート）は、もとはイギリスで教育も雇用も職業訓練も受けていない若者を指していたが、日本では**非労働力人口のうち15～34歳で家事も通学もしていない者**と定義して、政府統計などで使われている。平成30年は53万人で、**ピーク時より12万人減少してはいるが、近年はおおむね横ばいで推移している。**

⑵フリーター

15～34歳でパート・アルバイトに従事または希望している者を指す（卒業者で女性は未婚）。平成15年の217万人をピークに減少したが、平成21年から増加し、平成30年は143万人となった。この中でも、**25～34歳のフリーターの増加率のほうが15～24歳よりも大きい。**

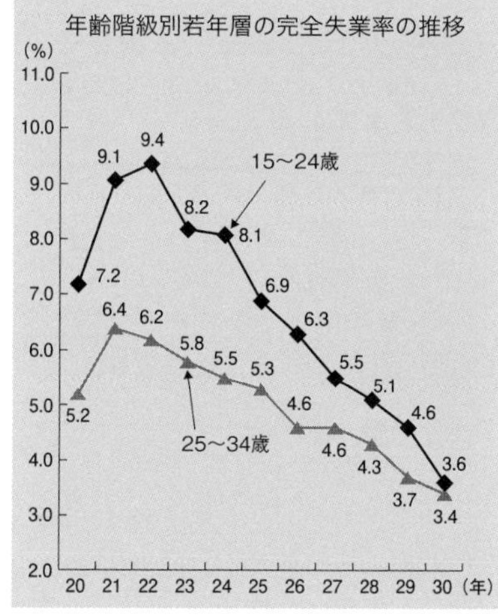

平成30年度労働力調査

Level up Point!
白書に直接あたっておくこと以上に、常日頃、新聞などで時事問題に関心を向け、若者の雇用状況の大まかな傾向を知っておく必要がある。

A60 正解－3

1－誤　児童生徒数は昭和57年度をピークに減少して平成30年度は971万人（平成23年度は1,047万人）である。高等学校の生徒数は平成1年度の549万人から、平成30年度は325万人となっている。

2－誤　若年労働力人口は、平成20年が1,983万人、平成23年1,816万人、平成29年1,712万人と減少傾向にある。平成30年は1,743万人となった。

3－正　若年労働者の失業率は、全年齢の平均よりつねに高くなっていることにも注意。

4－誤　平成28年3月卒業者の就職後3年間の離職率は、中学校卒業者62.4%、高等学校卒業者39.2%、大学卒業者42.0%である。全労働者の離職率（15.0%）よりも若年労働者の離職率は高い。

5－誤　フリーターは平成15年の217万人をピークに減少した。平成21年に177万人と増加するが、平成26年から減少に転じ、平成30年に143万人となった。

第7章 社会問題／社会調査法

Level 1 p136～p149　Level 2 p150～p155

1 ジェンダー論

Level 1 ▷ Q61,Q62　Level 2 ▷ Q68

(1)ジェンダー ▶p136

ジェンダー	社会的、文化的に規定された性差
セックス	生物学的、解剖学的な性差
セクシュアリティ	個人の持つ性に関係した行動や心理、習慣など

(2)フェミニズム ▶p137

第1波フェミニズム	19～20世紀前半に女性参政権など法的、制度的な男女平等を求めた。
第2波フェミニズム	1960年代以降、文化や意識の面での女性解放を求めた。
マルクス主義フェミニズム	資本主義と家父長制の結合による女性搾取を批判した。

(3)女性労働 ▶p138

①M字型就労曲線

子育てをする年代の女性の労働力率が下がるため、就労曲線がM字型になる。日本や特に韓国で顕著だが、欧米諸国ではみられない。

②男女雇用機会均等法（1985年制定、1997年、2006年に改正）

- 募集、採用、配置、昇進、教育などについて女性に均等な機会（1997年義務化）
- 定年、退職、解雇について差別取り扱いの禁止
- セクシュアル・ハラスメント防止義務（1997年）

(4)男女共同参画社会 ▶p139

男女共同参画社会基本法（1999年）

2 社会運動

(1)集合行動論 ▶p140

- 群集行動と社会運動は連続的

Level 1 ▷ Q63

(2)相対的剥奪 ▶p140

- 期待水準と達成水準の差により不満が生じる。

個人型	過去の自分の経験から得られる期待水準と比べた場合
自己本位型	他人や他の集団と自分を比べた場合
友愛型	他の集団と自分の所属集団を比べた場合

(3)資源動員論 ▶p141

- 社会運動が目標達成にむけて資源を獲得し活用していく、合理的・戦略的側面に注目。

⑷新しい社会運動 ▶p141

・1960年代以降の学生運動、女性解放運動、環境運動など
  ・アイデンティティや市民的価値の重視
  ・ネットワーク型組織

3 少子化

Level 1 ▷ Q64　Level 2 ▷ Q68

少子化の現状 ▶p142

合計特殊出生率	1人の女性が一生の間に生む子どもの数
少子化の原因	晩婚化、未婚化、夫婦の出生力の低下
少子化の影響	労働力不足、市場縮小など
出産育児環境	産婦人科不足、保育所不足（待機児童）、ワーク・ライフ・バランス

4 社会調査法

Level 1 ▷ Q65～Q67　Level 2 ▷ Q69,Q70

⑴国勢調査 ▶p144

総務省統計局が5年ごとに実施。日本に住んでいる人口全体を調査する全数調査である。

⑵量的調査法 ▶p146

質問紙（調査票）を用いて大規模なデータを収集し、統計的に分析する。

標本抽出法	無作為抽出法	単純無作為抽出法、系統抽出法、多段抽出法など
	有意抽出法	調査者が恣意的に標本を抽出

記入方式	回収方式
他記式（他計式）	指示的面接
自記式（自計式）	集合調査、郵送法、留置法

⑶質的調査法 ▶p148

比較的少数の事例に対して、解釈による分析を行う。

自由面接法		聴き取り（インタビュー）、深層面接
観察法	非参与観察	観察者が第三者的立場で外側から観察する
	参与観察	観察者が対象の一員となって内側から観察する
	統制的観察	実験室など統制された条件下で観察する
生活史法（ライフ・ヒストリー）		聴き取り、日記、手紙、手記などから、個人や集団の全体像を記述する

Q61 ジェンダー論・社会運動

問 社会運動に関する次の記述のうち、最も妥当なのはどれか。 （国家一般）

1 資源動員論とは、社会運動の掲げる価値や理念ではなく、主にいかに運動の資金が調達されるのかという現実的な経済的側面から社会運動を分析するアプローチである。

2 「新しい社会運動」とは、産業社会における労働運動など既存の社会運動を超えて、環境、ジェンダー、マイノリティーといった物質的な価値ではない争点を巡って形成されてきた運動群を指す。

3 フレーム分析とは、社会運動がいかに法的な規制や社会制度的な制約によって拘束され、その結果一定の運動の型を形成されるかに着目する研究視点である。

4 社会運動におけるフリーライダーとは、黒人運動において運動に共鳴する人々が、都市・地域を超えて長距離バスに乗り、「自由の乗車者」として運動を拡大したのに倣い、門戸を大きく開いて運動を拡大させていく戦略を指す。

5 対抗文化（counter culture）運動とは、度重なる革命の経験や植民地支配への抵抗の歴史によって、ある争点について妥協や懐柔を拒否したり、対立点を強調して対決的姿勢をもつ運動を意味する。

PointCheck

◉ジェンダー論……………………………………………………………………【★★★】

⑴ジェンダー

「ジェンダー」とは、社会的、文化的に規定された男女の性差のことである。それに対して**「セックス」は、生物学的、解剖学的な性差**を表している。通常、「性別」というときにはこれらの両方の意味を含んでいる。例えば、「男らしさ」「女らしさ」というのは時代や社会によって異なるので、「ジェンダー」である。

⑵ジェンダー・アイデンティティ

自分の性別が男か女か、という認識をジェンダー・アイデンティティ（性自認、性同一性）という。ジェンダー・アイデンティティとセックス（体の性）が一致しない場合が性同一性障害である。

⑶セクシュアリティ

セクシュアリティとは、性に関係した行動や心理、習慣などを指す言葉である。例えば、異性愛や同性愛はセクシュアリティに関する区分である。

◉フェミニズム……………………………………………………………………【★★★】

男性中心の社会に対して、女性の権利を認め、守るように主張する女性解放運動を一般にフェミニズムという。

⑴第１波フェミニズム

19 世紀末から 20 世紀前半にかけて、女性参政権を中心に、**法的、制度的な男女平等**を求めた。

⑵第２波フェミニズム

1960 年代以降、法的な男女平等だけでは是正されない女性差別に対して、**文化や意識の面での女性解放**を求めた。例えば、「男性は家の外で働き、女性は家事をするべき」といった性別役割分業などの価値観の見直しを求めたほか、家父長制と資本主義が結びついて女性を搾取しているとするマルクス主義フェミニズムの立場もある。

知識を広げる

リプロダクティブ・ヘルス／ライツ

性と生殖に関する健康と権利。1994 年の国際人口開発会議（カイロ会議）で提唱された。妊娠、出産、中絶、避妊などの性と生殖に関する女性の自己決定権の重要性が指摘されている。

A61 正解－2

1－誤 目標達成にむけてどのようにさまざまな「資源」を獲得し活用するかであり、金銭や経済的リソースからの分析に限定されるものではない（**Q63** 参照）。

2－正 以前の労働運動のような階級闘争ではなく、草の根・ネットワーク型の環境活動、女性解放運動、マイノリティー解放運動などの社会運動である（**Q63** 参照）。

3－誤 フレーム分析とは、制約により形成される型、構造（フレームワーク）の分析ではなく、社会運動を解釈する枠組みとしてのフレームとその相互作用の分析である。

4－誤 M. オルソンは、公共財を使用するコストを最小に抑えようと「ただ乗り（フリーライダー）」しようとする者がいることで、集合行為が成立しづらいことを指摘した。

5－誤 社会の支配的文化に対立する文化が対抗文化である。革命や植民地支配より発生する抵抗運動ではない。

Q62 女性労働

問　ジェンダーや女性労働などに関する次の記述のうち、妥当なものはどれか。

（国税専門官）

1　ジェンダー・アイデンティティとは、自分が男であるか女であるかについての自己規定であり、思春期における様々な環境要因によって決まると一般に考えられている。

2　我が国において、性同一性障害者が戸籍上の性別を変更することは現在まで認められておらず、また、性同一性障害者の性転換手術も、大学の倫理委員会が認めないことなどから行われていない。

3　1960年代から世界中に広まった第二次フェミニズム運動を背景として、国連は1975年を国際婦人年とした。また、我が国では、同年、男女雇用機会均等法が制定された。

4　我が国において、女性の年齢階級別労働力率は、いわゆるM字カーブを描いており、M字のボトムに相当する年齢層の労働力率は、1975年から現在に至るまで、ほとんど変化していない。

5　我が国では、男女共同参画社会基本法に基づく積極的改善措置として、国の審議会委員に女性を登用するための目標設定や女性国家公務員の採用・登用などの促進が実施されている。

PointCheck

◉M字型就労曲線……………………………………【★★★】

仕事を持っている女性の割合を年齢ごとに示すと右図のようにM字型の曲線になる。これは、女性が出産と育児の時期に一度離職し、子育て終了後に再び働き始めるためである。近年は、M字のくぼみが浅くなり、かつ高年齢のほうへ移動する傾向がある。

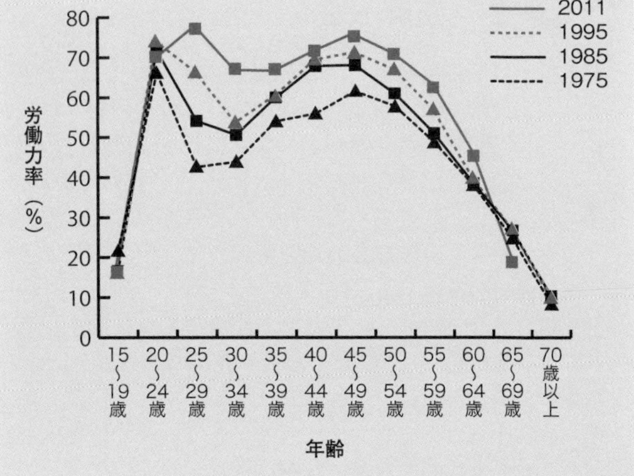

総務省「労働力白書」、内閣府「男女共同参画白書」

◉男女雇用機会均等法……………………………………………………【★★★】

雇用における男女差別をなくすために、1985年に制定された。

①募集、採用、配置、昇進、教育などについて女性に均等な機会（努力規定）
②定年、退職、解雇について差別的取扱いの禁止
③母性の健康管理（努力規定）→女性の深夜労働の制限など廃止

1997年改正：上記①の禁止規定化、禁止規定違反企業の公表、セクシュアル・ハラスメント防止義務（罰則なし）など

2006年改正：女性差別の禁止を性別による差別禁止に拡大、「間接差別」の禁止、妊娠・出産を理由にする不利益取り扱いの禁止、男性へのセクシュアル・ハラスメントの禁止など

※2014年に施行規則が改正され、すべての労働者の採用・昇進・配転などにおいて合理的な理由なく転勤を要件とすることが禁じられ、間接差別の禁止範囲を拡大した。

2016年改正：妊娠・出産等に関するハラスメント防止措置義務の新設（事業主は、職場において、妊娠・出産・育児休業・介護休業等を理由とする就業環境を害する行為がないよう、雇用管理上必要な措置を講じなければならない）

◉男女共同参画社会……………………………………………………【★★★】

日本では**男女共同参画社会の実現を目指し、1999年に男女共同参画社会基本法を制定**。また、これまで4次にわたる男女共同参画計画を策定し、「2020年までに、指導的地位に女性が占める割合が少なくとも30%程度に」との目標や、ポジティブ・アクション（積極的改善措置）の推進を、内閣府の男女共同参画局および男女共同参画部署が中心になり取り組む。第4次計画では、男女の仕事と生活を取り巻く状況、いわゆるM字カーブ問題や働き方の二極化、女性のライフスタイルや世帯構成の変化への対応等、さまざまな側面からの課題に対して、世代を越えた男女の理解のもと、それらを解決していくための政策目標設定がなされた。

A62 正解－5

1－誤　ジェンダー・アイデンティティに影響を与えるのは、思春期の環境だけではない。幼児期の影響が大きいともいわれている（**Q61**参照）。

2－誤　現在、日本では性同一性障害を理由とした戸籍の性別の変更や、医療行為としての性転換手術が認められている。

3－誤　1975年が国連の国際婦人年であったことは正しいが、日本で男女雇用機会均等法が成立したのは1985年である。これは国連の女性差別撤廃条約批准のための国内法整備の1つとして行われた。

4－誤　女性のM字型就労曲線において、育児期間に相当する年代の女性の労働力率は年々上昇してきている（**PointCheck**の図参照）。

5－正　男女共同参画基本計画で求められている積極的改善措置に従い、女性を積極的に採用する制度などが実現してきている。

Q63 社会運動

問 **社会運動に関する次の記述のうち、妥当なものはどれか。** （国家一般）

1　群集行動などの集合行動は、社会組織の解体が不安を発生させ、不安に基づく行動が社会的相互作用の中で循環反応を引き起こすことによって拡大するが、それが組織化され、制度化されることによって社会変動が起こることはないとされている。
2　社会運動の要因を相対的剥奪に求める理論がある。相対的剥奪とは、不満の原因を人々の主観的な期待水準と達成水準との格差に求めるものであり、他者との比較に焦点を当てているため、過去からの生活水準の変化などは考慮されない。
3　孤立化し、原子化され、画一化された諸個人が、マス・メディアや大組織によって操作されることによって生じる社会運動を大衆運動という。大衆運動は、中間集団の無力化した多元的社会において生じやすいとされている。
4　資源動員理論は、社会運動の形成・発展・発達過程を、動員可能な資源の量や戦力の合理性によって説明しようとする。ここで、社会運動は、非合理的な心理に基づく集合行動ではなく、目標達成に向けて組織化される集合的行為として理解される。
5　労働運動など階級を基盤とする旧来の社会運動に対して、1960年代以降の学生運動、女性解放運動、環境運動などを、新しい社会運動ととらえる見方がある。そこではネットワーク型の組織形成、アイデンティティの重視、国家権力の奪取などの特徴が指摘されてきた。

PointCheck

◉集合行動論……【★★☆】

集合行動論では、パニックのような**群集行動と組織的な社会運動とは連続的なもの**と考える。群集行動は組織化、制度化されることによって、新しい秩序を生み出すこともあるとされる。代表的な論者はN.J.スメルサー。

◉相対的剥奪……【★★★】

人々の感じる剥奪感（不満）は絶対的な基準によるものではなく、期待していた水準と実際に達成された水準の差によって生じると考えられる。これを相対的剥奪（相対的不満）という。相対的剥奪には次の３つのタイプがある。

①個人型	過去の自分の経験から得られる期待水準と比べた場合
②自己本位型	他人や他の集団と自分を比べた場合
③友愛型	他の集団と自分の所属集団を比べた場合

※相対的不満が社会運動発生の原因となるという議論がある。例えば、経済や社会の発展が続いた後、急にそれらが冷えこむと革命が起こりやすいとされる。

◉資源動員論……………………………………………………【★★★】

資源動員論は、社会運動が目標達成にむけてどのように資源を獲得し、活用していくかという、**社会運動の合理的・戦略的側面に注目**する見方である。その点で、社会運動は非合理的な群集行動とは区別される。

◉新しい社会運動……………………………………………………【★★★】

・1960年代以降にみられる、学生運動、女性解放運動、環境運動などは、階級闘争の理論に基づいたそれまでの労働運動などとは違い、**自分たちのアイデンティティや市民社会的な価値を重視**した。そのため、これらの運動は「新しい社会運動」と呼ばれる。
・新しい社会運動では、組織構造は上位と下位のあるヒエラルキー型ではなく、**横のつながり中心のネットワーク型**であるとされる。

知識を広げる

住民運動と市民運動

住民運動	ある地域社会の住民が、そこで起きた問題を解決したり、自分たちの住民としての権利を守るために組織する運動。反公害運動やまちづくり運動など。
市民運動	共通の理念や利害に基づいて広く一般市民が参加して組織される運動。平和運動、環境運動、人権運動など。

A63 正解－4

1－誤　集合行動論においては、集合行動が組織化され、制度化されることで社会変動が起こる可能性が指摘された。
2－誤　相対的剥奪は他者との比較だけでなく、過去の自分との比較でも生じる。
3－誤　大衆運動は、社会全体で広く共有された問題を解決しようとするものだが、多元的社会では人々の関心や利害も多様であるから、そのような共通の問題解決意識は生じにくい。また諸個人が孤立化・原子化している状態では、それらの諸個人を運動に動員するのは困難である。
4－正　社会運動の合理的・戦略的側面に注目する資源動員論に関する記述として妥当である。
5－誤　新しい社会運動に関するほぼ正しい記述だが、最後の「国家権力の奪取」が適切ではない。新しい社会運動は、個人のアイデンティティやライフスタイルを重視するので、国家権力奪取という方向性はとらない。

第7章 社会問題／社会調査法 Level 1

Q64 人口動態・少子高齢化

問　我が国の社会構造の長期的な推移に関する次の記述のうち、最も妥当なのはどれか。

（労働基準監督官改題）

1　夫婦の間に生まれる子どもの数を示す合計特殊出生率は、1970年代後半の、いわゆる「1.57ショック」で社会的な注目を集めて以降も2018年現在まで低下を続けている。一方、平均初婚年齢についてみると、2018年は1961年と比較すると、男女ともに7歳以上、上昇した。

2　国民皆保険・皆年金が実現した1950年代初頭における平均寿命は男女とも50歳代であった。しかし、医療等の飛躍的な進歩等により平均寿命は上昇し、2018年には男性が79.25歳、女性で82.32歳となり、我が国は世界有数の長寿国となっている。

3　「雇用者の共働き世帯」についてみると、女性の社会進出などを背景に1980年代以降、急激に増加したものの、不況の長期化に伴い2000年代に入り緩やかな減少傾向に転じた結果、2012年には「男性雇用者と無業の妻からなる世帯」の3分の2の約600万世帯となった。

4　死因別の死亡率（人口10万対）についてみると、1947年には国民病といわれた結核が1位であったが、医学の進歩等によりその順位は低下していった。その後、国民の主な死因は生活習慣病へと変化していき、2018年では、当該死亡率の順位は1位悪性新生物（腫瘍）、2位心疾患、3位老衰となっている。

5　大学進学率（短期大学は除く）は、1950年代には男性が30%、女性が10%であったが、高度経済成長に伴う高学歴化の進展により大きく上昇していき、2018年には男性が70%、女性が25%となっている。また、大学学部の卒業者のうち大学院への進学率は、2018年には男性で5%程度となっている。

PointCheck

◉少子化……………………………………………………………………………【★★★】

⑴合計特殊出生率

1人の女性が、その年次の年齢別出生率で子どもを生むと仮定して、一生の間に生む子どもの数を意味する。人口を維持するための合計特殊出生率は2.07程度であるとされる。日本では、2005年には過去最低の1.26となったが、その後上昇に転じた（2008年1.37、2015年1.45）。しかし、その後3年連続の減少となり、2018年は1.42であった。

⑵少子化の原因

少子化の原因としては、**晩婚化**や**未婚化**が考えられる。また90年代以降は**結婚後に生む子どもの数自体の減少（晩産化・無産化）**も認められるようになった。

⑶少子化の影響

少子化の影響としては、労働人口の減少や消費市場の縮小などの経済的影響や、高齢化で増える社会保障費や介護労働力の担い手の不足などの社会的影響が考えられる。

⑷出産・育児の環境

国民の意識調査では、少子化の原因を「子育ての費用負担が大きいから」と考えている人が多い。また、子育てを支援する公的環境が整っていないことも指摘されている。

①産婦人科の医師、病院の不足

②保育所の不足

保育所に入りたくても入れない待機児童の問題。保育所を利用する児童や利用を希望する児童の数は増えている。

③ワーク・ライフ・バランス

仕事と家庭生活のバランスをとることの重要性が指摘されている。例えば、**日本の男性は仕事にかける時間が長く、家事や育児にかける時間が他の先進国に比べて短い。**

⑸政府の施策

①少子化対策「エンゼルプラン」(1994年)、「新エンゼルプラン」(1999年) 策定。

②小泉内閣以来、内閣府特命担当大臣に少子化対策担当が置かれるようになっている。

③少子化対策法制として、2003年「少子化社会対策基本法」「次世代育成支援対策推進法」、2012年子ども・子育て関連3法成立、2017年「働き方改革実行計画」「子育て安心プラン」、2019年幼児教育の無償化・待機児童の解消・高等教育の無償化などに消費税率10%引上げを財源として活用。

A64 正解－4

1－誤　合計特殊出生率の「1.57ショック」は1990年で、1966年「ひのえうま」の1.58を下回った。また、2005年が過去最低で1.26、それ以降は若干持ち直したが2018年は1.42である。1961年の平均初婚年齢は男性27.2歳、女性24.4歳、2018年は男性31.1歳、女性29.4歳なので、4歳程度の上昇である。

2－誤　1950年代には平均寿命は60歳を超えている。2018年には男性80.25歳、女性87.32歳となった。

3－誤　平成に入る頃から共働きが急増、その数は逆転して、2013年の共働き世帯は1,065万世帯、専業主婦世帯は745万世帯である。

4－正　2018年は1位が悪性新生物（腫瘍・がん)、2位は心疾患で変わらず増加傾向にあり、3位が老衰となった。4位の脳血管疾患（昭和50年代までは2位）は減少傾向が続き、5位の肺炎もやや減少傾向にある。死因の5位までで、全体の約3分の2を占めている。

5－誤　1950年代の大学等進学率は男性10%台、女性2%台で、2018年は男性51.8%、女性57.7%。大学院進学率は、男性15.0%、女性6.1%。

Q65 社会調査

問 社会調査に関する次の記述のうち、妥当なものはどれか。 (国家一般)

1 一定の社会事象についてデータを収集し、それを解析することを社会調査という。社会調査で収集されるデータは、第一次的なデータと第二次的なデータに区分される。前者は現地調査によるデータを指し、後者は文献調査によるデータを指す。一般に社会調査は、第二次的なデータの収集に主眼を置く。

2 社会調査の一つの原型は、人口の全数調査であるセンサスにあるといわれる。我が国では、大正9（1920）年以来原則として5年ごとに行われている国勢調査がこれに当たる。今日では人口以外の全数調査を指して、センサスという場合がある。例えば、農業センサスや工業センサスと呼ばれるものがこれに当たる。

3 社会調査には、統計調査（量的調査）と共に事例調査（質的調査）と呼ばれるものがある。これは一つあるいは少数の事例についてデータを収集し、それを分析する方法である。一般に、事例調査によって得られる知見は、主観性を免れない。したがって、今日では、それは科学的な知見とはみなされない。

4 社会調査で統計調査を行う場合には、通常は標本調査が行われる。これは調査対象（母集団）から一定の標本（サンプル）を抽出して、調査するものである。その際、調査者が自由に標本を抽出することを無作為抽出法（ランダム・サンプリング）という。例えば、街角でのアンケートがこれに当たる。

5 社会調査を実施するに当たっては、調査者に特有の倫理が求められる。一般にこれを調査倫理という。例えば、対象者を傷つけてはならないとか、欺いてはならないといったことがそれに当たる。もっとも、行政上の目的で実施される社会調査においては、このような倫理を堅持する必要はないといわれる。

PointCheck

◉社会調査……………………………………………………………………【★★★】

社会調査とは、学術的あるいは行政上の目的などのために科学的な方法を用いて、人々や社会現象について調べることである。また、市場調査のように営利目的で行われる社会調査もある。

◉国勢調査……………………………………………………………………【★★★】

国家がその領土内の人口について調査することは、現在の社会調査の起源の１つでもあるが、日本でそのような国勢調査が始まったのは1920年からである。それ以降、第二次世界大戦末期を除き、5年ごとに実施されている(現在は総務省統計局によって実施されている)。

国勢調査は日本に住んでいる人口全体を調査する、最大規模の社会調査であり、その結果はさまざまな政策のための基礎資料となっている。

※全数調査（悉皆調査）

標本抽出をせずに、対象全体を調査するものを全数調査（悉皆調査）という。国勢調査は全数調査である。

◉量的調査法と質的調査法……………………………………………………………【★★★】

社会調査法は、大きく２つに分類することができる。**対象とする集団またはその標本から得られる大規模なデータをもとに統計的方法によって分析する量的調査法**と、**聴き取りや観察などから得られる、限られた事例のデータを解釈によって分析する質的調査法**である。

量的調査法は多くの人に一般的に適用できるように作られた質問に対する答えを、統計学を用いて分析するので客観性が高いが、個別の出来事に特有のことがらを深く追究するのは難しい。そのような場合には、質的調査法を用いるのが効果的である。**量的調査法と質的調査法はそれぞれに利点と弱点を持っているので、研究目的に応じて両者を使い分けたり、併用したりする必要がある。**

知識を広げる

代表性

社会調査におけるデータ収集で大事なことは、集めたデータや対象者が、自分が知りたい集団の特徴をとらえるのにふさわしいものか、という「代表性」の問題である。例えば、調査対象者の性別が男女どちらか一方に偏っていたり、年齢層が偏っていたりすると、社会全体を代表するデータとはいえなくなる。

A65 正解ー２

１ー誤　調査者が回答者から直接集めたデータが一次データ、既存の一次データを利用したものが二次データである。社会調査では両方用いられるが、一次データのほうがデータの収集段階から一貫性のある調査設計が可能なので、一次データが好まれる場合が多い。既存統計資料を利用したデータ分析は二次データの利用にあたる。

２ー正　我が国で５年ごとに行われている国勢調査や、センサスについての妥当な記述である。

３ー誤　事例調査のような質的調査は、量的調査よりも主観が入りやすい面もあるが、一定の手続きが定められており、科学的方法として扱われている。

４ー誤　無作為抽出とは、標本に何らかの偏りが出ないような標本抽出法のことであり、調査者が自由に標本を選ぶことではないので、街角でのアンケートは無作為抽出ではない。

５ー誤　行政上の目的がある場合でも、当然調査倫理は守らなければならない。

Q66 量的調査法

問 社会調査法に関する次の記述のうち、妥当なものはどれか。 （国家一般）

1 参与観察や非指示的面接によってデータを集め、主観的な洞察によって分析をしていく質的調査は、統計的な手法を用いる量的調査と比べて、時間がかかり、科学的な結論も得られない。このため今日の社会調査では、ほとんど用いられることがない。

2 調査票を使った量的調査では、一つの質問に対し複数の回答選択肢を用意し、その中から回答者に一つだけ回答を選択してもらう方法がよく用いられる。まれに二つ以上の回答を同時に選択できる形式の質問が用いられることもあるが、これをダブルバーレル質問という。

3 量的調査を行う場合、回答者を無作為抽出法で選び出すには、単純無作為抽出法が基本となる。系統抽出法や副次抽出法などの比較的簡単だが精度の下がる方法が、実際の調査で用いられることはあまりなく、時間や費用がかかっても単純無作為抽出法が用いられることが多い。

4 無作為抽出標本に基づいて政党支持率などを推定する場合、一定の確率分布で標本誤差が生じる。母比率の推定とは、標本から得られた政党支持率などの比率をもとに、母集団における比率が一定の確率（例えば95パーセント）で、一定の範囲内にあると推定することをいう。

5 ある集団を構成する各個体の観測値をその集団についての一つの値で代表させる場合、これを代表値という。代表値には、各個体の観測値を合計して個体数で割った平均値や、最も個体数の多い観測値を示す中央値（メディアン）などがあり、平均値は中央値よりも極端な観測値の影響を受けにくい。

PointCheck

◉量的調査法……………………………………………………………………【★★★】

量的調査法の一般的特徴としては、標準化された質問紙（調査票）の使用、標本の無作為抽出、統計学を用いた分析が挙げられる。

◉標本抽出法……………………………………………………………………【★★★】

量的調査法においては、研究したい集団（母集団）からいくつかの標本（サンプル）を抽出して分析することが多い。標本抽出法には次のようなものがある。

⑴無作為抽出法（ランダム・サンプリング）

母集団に含まれるどの個体も、等しい確率で抽出されるような抽出法。統計的検定や推定は無作為抽出法を前提としている。

①単純無作為抽出法：対象者のリストから乱数表などを用いて１つずつ抽出する

②系統抽出法：リストから最初の１つをランダムに選び、あとは一定の間隔で抽出する。

単純無作為抽出法より簡便で、実際の調査で用いられることが多い。

③多段抽出法：例えば全国規模の調査をするとき、まず都道府県を選び、そこから市町村を選び、そこから個人を選ぶ、というように段階的に標本を抽出する方法。

⑵有意抽出法

調査者が目的に適するように**恣意的に標本を抽出する方法**。標本の代表性が保証されないので統計分析には適さないが、典型的な例などを調べるために事例調査で用いられる。

知識を広げる

質問形式

質問と回答の形式には、単一選択（選択肢から1つ選ぶ）、複数選択（選択肢から複数選ぶ）、評定尺度（「よくある、ときどきある、あまりない、全くない」などのように程度を選択させる）、自由回答（回答者が自由に記述する）などがある。

※質問項目の表現についてはあいまいな表現を避け、次のような点に注意する。

①ダブルバーレル：「現在の職業や収入に満足していますか」のように1つの質問に複数の論点を含んでいる。

②ステレオタイプ：よいイメージや悪いイメージを持つ言葉を使うことで、回答を誘導してしまう。

A66 正解ー4

1－誤　質的調査法は量的調査法では得られないような、詳細で深いデータが得られるなどの優れた面を持っており、今日の社会調査においても活用されている。

2－誤　ダブルバーレル質問とは、1つの質問の中に問いが2つ（以上）含まれているという不適切な質問のことである。2つ以上の選択肢を選んでよい形式は複数選択形式という。

3－誤　単純無作為抽出法は時間や費用がかかるため、実際には、ここで挙げられている系統抽出法や副次抽出法のような無作為抽出法が利用されることが多い。

4－正　ある集団の実際の政党支持率を知りたければ、全数調査をする必要があるが、通常それは無理なので標本調査をすることになる。標本は無作為に（誰かが標本に選ばれやすかったり、逆に選ばれにくかったりすることがないように、という意味）選んでも、どうしても標本に偏りが生じ、標本のデータから推定した一定の値の範囲に、実際の支持率の値が含まれていないという「ハズレ」が生じてしまうことが一定の確率である。95パーセントの信頼率といったとき、5パーセントの確率でそういうハズレが生じる可能性があるということである。

5－誤　最も個体数の多い観測値を示すのは最頻値（モード）である。中央値とは、観測値を一列に並べたとき真ん中にある値のこと。平均値は極端に大きな値が1つでもあると、全体平均が大きくなってしまうという特徴があるので、中央値よりも極端な値の影響を受けやすい。

Q67 質的調査法

問　社会調査の方法に関する記述として、妥当なものはどれか。　（地方上級）

1　面接調査法とは、調査対象者に学校の教室や集会室などのような一定の場所に集まってもらい、質問紙を配布して、一定の時間内で回収を行う方法である。
2　非参与観察法とは、主として小集団研究に用いられ、観察方法を標準化し、観察対象となる事柄以外を事前になるべく同じ条件にして観察する方法である。
3　統制的観察法とは、調査者が第三者として対象集団を外側から観察する方法である。
4　生活史法とは、調査対象全体を数量的に調査して、多数の事柄について数量化し、平均・分布・相関などの分析方法により、普遍化する方法である。
5　参与観察法とは、調査者自らが調査の対象集団の一員として参加し、そこの人々と生活を共にしながら、観察する方法である。

PointCheck

◉質的調査法……………………………………………………………………【★★★】

比較的少数の事例に対して、統計学の方法を使わずに解釈による分析を行うのが質的調査法である。

⑴自由面接法

非指示的面接法ともいう。量的調査でも質問紙を用いた面接による調査法はある（指示的面接法）が、自由面接法では、**回答者に自由に話をしてもらい、調査者はそれを引き出す**役目になる。多くの場合は聴き取り（インタビュー）の形をとるが、被調査者の心理まで深く踏み込む深層面接もある。

※指示的面接

量的調査で質問紙（調査票）を用いる場合にも面接法は用いられる。これは、調査員が回答者に質問をして、**回答者本人でなく調査者が回答を書き込んでいくので、他記式（他計式）**と呼ばれる。指示的面接でない場合には、**回答者が自分で回答を記入していく自記式（自計式）**という方式が用いられる。この場合は、質問紙を郵送する郵送法や質問紙を渡して後日回収する留置（とめおき）法が用いられることが多い。**郵送法は簡便だが回収率が低い**という弱点がある。

⑵観察法

①非参与観察

観察者が対象となる集団を外から第三者として観察する。質問紙や面接による調査の準備として用いられることが多い。

②参与観察

調査者が調査対象の集団の一員となり、長い期間生活をともにしながら観察する方法。対象集団特有の文化、価値観や規範などを理解するのに有効な方法として用いられる。文化人類学におけるフィールド・ワークでは参与観察が活用されている。

③統制的観察

事前に観察する点を明確にし、他の要因の影響を排除するような統制を行った条件下で観察する。実験室での観察などで多く用いられる。

⑶生活史法（ライフ・ヒストリー）

調査対象の個人や集団について、長期間にわたる全体像を詳細に記述する方法。データ収集法としては関係者からの聴き取りや、日記、手紙、手記などの文書資料が用いられる。生活史法を用いた研究としては、W.I. トマスと F.W. ズナニエツキの『ヨーロッパとアメリカにおけるポーランド農民』が有名である。

⑷内容分析

マス・メディアなどの内容について、単語やシンボルの出現頻度、新聞記事の大きさなどを計量的に分析する方法。統計的方法も用いられるが、通常、質的分析法に分類される。

⑸ソシオメトリー

アメリカの心理学者J.L. モレノによって創始された集団構造の分析法。ソシオメトリック・テストと呼ばれる質問により人間関係を把握し、ソシオマトリクスという表やソシオグラムという図に表す。学校教育の場で生徒間の関係を把握するのに使われることもある。

A67 正解ー5

1ー誤　面接調査ではなく、集合調査についての記述である。
2ー誤　非参与観察法ではなく、統制的観察法についての記述である。
3ー誤　統制的観察法ではなく、非参与観察法についての記述である。
4ー誤　生活史法ではなく、量的調査法についての記述である。
5ー正　調査対象に「参与」しながら「観察」するという、参与観察についての妥当な記述である。

第７章 社会問題／社会調査法 Level 2

Q68 女性の出産、未婚・晩婚化

問 **人口、出生、婚姻行動等に関する次の記述のうち、最も妥当なのはどれか。**

（労働基準監督官改題）

1 少子高齢化は、多産多死から少産少死への転換によるものであり、先進国に一般的にみられる現象である。我が国の場合は、先進諸国と比較して少子高齢化が急速に進展しており、総人口に占める65歳以上人口の割合は、1990年の12%程度から2018年には28%程度にまで上昇している。

2 大学進学率の上昇、独身者の意識変化などを背景に晩婚化が進行しており、日本人の平均初婚年齢は、2018年に男女とも初めて30歳を超えた。また、晩婚化の進行に併せて生涯未婚率も上昇しており、2018年には男性で10.6%、女性で20.1%である。今後も、女性の生涯未婚率が男性の生涯未婚率を上回って推移することが見込まれている。

3 我が国の合計特殊出生率の推移をみると、第1次ベビーブーム期には5.0を超えていたが、1950年以降急激に低下した後、1980年代の第2次ベビーブーム期には、ほぼ2.5程度で推移していた。その後、1980年代後半に2.0を下回ってからは低下傾向が続き、2010年には過去最低の1.26となった。

4 諸外国における合計特殊出生率の推移をみると、ドイツやイタリアでは、1970年から1980年頃にかけて低下傾向となったが、1.6台まで低下した後、回復傾向となり2016年には2.0程度となっている。一方、フランスやスウェーデンでは、1970年から一貫して低下し、2016年には1.3を下回る水準となっている。

5 合計特殊出生率は、20歳から60歳までの女性の年齢別出生率を合計したものであり、おおむね、一人の女性が生涯に出産する子ども数の推計値を示している。また、長期的に人口が安定的に維持される合計特殊出生率を人口置換水準といい、先進諸国の人口置換水準は2.6程度とされている。

PointCheck

◉未婚化・非婚化……………………………………………………………【★★★】

1970～74年は第1次ベビーブーム世代の婚姻で、年間100万組、婚姻率（人口千対）も10.0以上であったが、その後は婚姻件数・婚姻率ともに低下し、1978年以降はおよそ年間70万組台で推移した。そして、2011年から60万組台に落ち込み、**2017年は606,866組で、婚姻率も4.9で過去最低**を記録した。

また、25～39歳の未婚率は男女ともに引き続き上昇している。生涯未婚率を35年前と比較すると、男性は2.6%（1980年）から23.4%（2015年）に、女性は4.5%（1980年）から14.1%（2015年）に上昇している（令和元年版少子化社会対策白書）。

◉晩婚化、晩産化の進行……………………………………………………………【★★★】

平均初婚年齢は、1980 年は夫が 27.8 歳、妻が 25.2 歳であったが、**2017 年は夫が 31.1 歳、妻が 29.4 歳で、夫は 3 歳、妻は 4 歳上昇しており、晩婚化が進行**している。

また、出生したときの母親の平均年齢をみると、2017 年の場合、第 1 子が 30.7 歳、第 2 子が 32.6 歳、第 3 子が 33.7 歳であり、1980 年と比較すると、それぞれ 4.3 歳、3.9 歳、3.1 歳上昇と、晩産化も進行している。

◉ワークライフバランスと現実……………………………………………………【★☆☆】

共働き世帯は平成 30 年に 1,219 万世帯で、妻が無業の世帯（606 万世帯）の倍になっている。しかし、週 60 時間以上の労働者の割合は子育て期にある 30 ～ 40 代男性が特に高い水準で、年次有給休暇の取得率は女性 57.0％、男性 47.5％と男性のほうが低い（令和元年男女共同参画白書）。

◉性別役割分担意識の動向…………………………………………………………【★☆☆】

「夫は外で働き、妻は家庭を守るべきである」という考え方について、昭和 54 年調査では、賛成（「賛成」＋「どちらかといえば賛成」）が 7 割を超えていたが、平成 16 年調査で初めて反対（「反対」＋「どちらかといえば反対」）が賛成を上回り、平成 28 年調査では反対が 5 割を超えている（女性 58.5％、男性 49.4％）（令和元年度版男女共同参画白書）。

政府の統計に関する問題は、細かい数字ではなく、全体的な傾向から考えれば答えがみえてくる。また、そのような傾向の背景（晩婚化、非婚化、晩産化など）に注意する必要がある。

A68 正解ー1

1 ー正　2018 年の 65 歳以上の高齢者人口は、過去最高の 3,558 万人で、高齢化率も 28.1％となっている。

2 ー誤　2018 年の平均初婚年齢は男性が 31.1 歳だが、女性は 29.4 歳と、上昇傾向にはあるが 30 歳を超えてはいない。1980 年に男性 2.60％、女性 4.45％だった生涯未婚率は男女が逆転し、2015 年国勢調査によると男性が 23.4％、女性が 14.1％で、今後も男性が上回ると予測される。

3 ー誤　第 1 次ベビーブーム（1947 ～ 49）では 4.54 が最高（1947）であったが、1975 年に 2.0 を下回り、2005 年が 1.26 で過去最低。それ以降は若干持ち直してはいるが、2018 年は 1.42 である。

4 ー誤　回復したのはフランス、スウェーデンで、1.6 台まで低下したのが、2016 年にはフランス 1.92、スウェーデン 1.85 となっている。ドイツとイタリアが 1970 年代から低下し、2016 年にはドイツ 1.59、イタリア 1.34 である。

5 ー誤　合計特殊出生率は、出産可能な年齢を 15 歳から 49 歳までとし、各年齢の出生率を合計して求める。また、人口置換水準に見合う合計特殊出生率は、女性の死亡率等で変動があるが、日本における 2012 年の値は 2.07 である。

Q69 社会学の調査・研究法

問 社会学の調査・研究に関する次の記述のうち、最も妥当なものはどれか。 （国家一般）

1 E. デュルケームは、ヨーロッパ各地において大規模なパネル調査を行い、社会的紐帯（ちゅうたい）の衰退や欲望の際限のない拡大など、自殺をもたらす社会的な要因について明らかにした。

2 W.I. トマスとF.W. ズナニエツキは、ポーランドの農村から大都市シカゴに移住した農民たちの生活を参与観察し、社会解体が農民に態度変容をもたらしたとする仮説を提示した。

3 W.F. ホワイトは、無作為に標本抽出したボストンのスラムに住むイタリア系住民に対し、調査票を用いた面接調査を行い、スラムの社会秩序を明らかにした。

4 P. ラザースフェルドらは、オハイオ州で統計調査を行い、アメリカ大統領選挙における投票意図の形成やその変容過程を分析し、コミュニケーションの二段の流れ仮説を提示した。

5 E. メイヨーらは、ホーソン工場で実験を行い、照明や作業時間の配分といった物理的な作業条件が、労働者の作業能率に大きな影響を及ぼしていることを明らかにした。

PointCheck

◉代表的な社会調査研究……【★★★】

⑴ E. デュルケム『自殺論』(1897)

デュルケムの『自殺論』は、統計資料を用いた実証研究の先駆けであった。

その方法は、自殺に関する既存の各種統計を用いて新たな知見を得るという、二次データ分析であった。

⑵ W.I. トマスとF.W. ズナニエツキ『ヨーロッパとアメリカにおけるポーランド農民』(1918～20)

手紙などの個人的記録をもとにした**生活史法の代表的な研究**。

⑶ リンド夫妻『ミドルタウン』(1929)

参与観察法や資料分析を用いて、コミュニティの全体像を描き出した。またその後のコミュニティの変化を『変貌するミドルタウン』(1937) で描いた。

⑷ W.L. ウォーナー『ヤンキーシティ』(1941～47)

職業、収入、居住などからなる社会経済的地位尺度を用いて、アメリカの小都市の階級・階層構造を明らかにした。

⑸ W.F. ホワイト『ストリート・コーナー・ソサエティ』(1943)

参与観察法を用いた代表的な研究。イタリア系のスラムでの若者たちの生活や集団形成などを描いている。

⑹ P.F. ラザースフェルドら『ピープルズ・チョイス』(1948)

同一の対象者に繰り返し調査を行う**パネル調査の代表的な研究**。大統領選挙の投票行動を研究し、マス・メディアの影響は限定的で、むしろ個人的な影響が重要であることを見出し、コミュニケーションの２段の流れ仮説を提示した。

知識を広げる

大規模な社会調査

大規模な学術的社会調査としてはアメリカの総合的社会調査（GSS）が知られている。日本でもこれを模範として 2000 年から日本版総合的社会調査（JGSS）が実施されている。また、日本では 1955 年から 10 年ごとに実施されている社会階層と社会移動全国調査（SSM）が、量的な社会調査の代表として挙げられる。

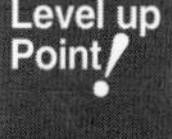

生活史法の代表的研究として『ヨーロッパとアメリカにおけるポーランド農民』、参与観察法の代表的研究として『ストリート・コーナー・ソサエティ』がよく出題される。社会調査のさまざまな方法とその代表的研究を覚えておきたい。

A69 正解－4

1－誤　パネル調査とは、同一の対象に同一の内容の調査をすることで、時間による変化を探ろうとする研究である。デュルケムが『自殺論』で用いたのはパネル・データではなく、既存の統計資料であった（**Q04** 参照）。

2－誤　トマスとズナニエツキが『ヨーロッパとアメリカにおけるポーランド農民』で用いたのは参与観察法ではなく、生活史法である。祖国ポーランドとアメリカとの間で交わされた手紙などが分析されている（**Q46** 参照）。

3－誤　ホワイトが『ストリート・コーナー・ソサエティ』で用いたのは参与観察法である。

4－正　ラザースフェルドらは、６カ月の間に７回のパネル調査を行い、マス・メディアの補強効果やコミュニケーションの２段の流れなどの仮説を提示した（**Q35** 参照）。

5－誤　メイヨーらのホーソン工場での実験では、照明や作業時間のような物理的条件よりも人間関係が作業能率に影響を与えることが明らかとなった（**Q53** 参照）。

第７章 社会問題／社会調査法 Level 2

Q70 統計的検定

問　社会調査における統計的検定に関する記述のうち、妥当なものはどれか。（国家一般）

1　無作為抽出標本を用いた統計的調査においては、一定の確率分布に従って標本抽出に伴う誤差が生じることが知られている。統計的検定は、標本にみられる差や関連が標本抽出誤差によるものであるかどうかを検討するためのものである。
2　無作為抽出標本を用いた統計的調査においては、拒否・不在などの理由から、回答率が100％になることはほとんどない。統計的検定は、標本にみられる差や関連が、回答率が低いことによって生じるものであるかどうかを検討するためのものである。
3　母集団全体を調査する全数調査においては、標本抽出誤差は生じないので、統計的検定は必要ない。しかし、回答率が低い場合には、それによる誤差が生じるので、測定されたデータにみられる差や関連が、母集団においてもみられるかどうかを検討するために統計的検定が必要となる。
4　個別的面接調査法を用いた標本調査においては、調査員の特性によって測定誤差が生じることが避けられない。統計的検定は、調査員の特性によって生じる誤差を考慮してもなお、標本にみられる差や関連が、母集団においてもみられるかどうかを検討するためのものである。
5　無作為抽出標本を用いた統計的調査においては、回答者の協力度や体調などによって、測定誤差が生じることがある。統計的検定は、このような測定誤差を考慮してもなお、標本にみられる差や関連が、母集団においてもみられるかどうかを検討するためのものである。

PointCheck

◉統計的検定　理解を深める ……………………………………【★★☆】

無作為抽出（ランダム・サンプリング）されたデータには、一定の確率で偏りが生じてしまうことが知られている。本来、無作為抽出というのは、標本（サンプル）が調査対象の集団（母集団）の特性をよく反映するようにするための方法なのだが、たまたまデータに偏りが生じてしまうことがある。

> 例）
> 男性５人、女性５人の10人からなる集団から５人を無作為に選んでも、５人全員が男性あるいは女性という可能性は低い。けれども、可能性がないわけではない。
> ※その確率は計算で求めることができる。

無作為抽出データによる量的社会調査は、このように偏ったデータを扱っている可能性がつねに存在する。よって、そのデータから得られた情報は母集団についての情報としては適切でないかもしれない。

例）

男女比のわからない10人の集団から無作為に5人選んだら、全員女性であった。ここから、「もとの10人の集団は男女が同数ではない」と結論を下すことは正しい推論だろうか？

ここで本当は10人のうち男女は同数であったとすると、そこから5人を無作為に選んだとき、5人全員が女性という確率は0.4%ほどである。普通は、そのようなまれなことが起こったと考えるよりも、男女は同数でないという結論を選ぶほうが理にかなっている。しかし、同様の判断を1,000回行えば、そのうち4回程度は間違っている（つまり標本の偏りにより、ごくまれなことが起こった）かもしれないのである。

統計的検定とは、このように**無作為抽出で選ばれたデータを分析して得られた母集団についての推論が、標本抽出に伴う誤差によってどれくらいの確率で誤るのか**を評価し、その推論を採用するかしないか決めることである。先の例でいえば、男女同数の集団から女性のみが選ばれる確率は0.4%程度しかないのだから、「もとの10人の集団は男女が同数であるとはいえない」という推論は適切であろうと一般的には考える。このとき、この推論の有意確率（有意水準、危険率などとも呼ばれる）は0.4%であるという。

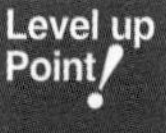

統計的検定の理論は難解にみえるが、標本の無作為抽出に伴う誤差の可能性を見積もるものであることを押さえておけば大丈夫。

A70 正解ー1

1ー正　統計的検定は標本抽出に伴う誤差の可能性を見積もっているという妥当な記述である。

2ー誤　回収率が低かったり、回収できた調査票に偏りがあったり（例えば、独身の有職者は日中不在がちなため回収しにくい、など）すると、データに偏りが生じやすくなるが、統計的検定はこのような回収率による誤差の影響を見積もるものではない。

3ー誤　肢2で述べたように、統計的検定は回収率による誤差の影響を見積もるものではない。

4ー誤　調査員の特性による誤差は、確かに存在するが、統計的検定ではその影響を見積もることはできない。調査員への教育・訓練を徹底したり、担当の割当てを工夫するなどして、なるべく誤差が出ないようにするしかない。

5ー誤　回答者のコンディションによる影響を統計的検定で見積もることはできない。

INDEX

※色のついた数字は、Level 2です。

【さ行】

【た行】

【ら行】

【わ行】

◆参考文献

新睦人 他 著　『社会学のあゆみ』　有斐閣
新睦人・中野秀一郎 編　『社会学のあゆみ PART Ⅱ』　有斐閣
新睦人 編　『新しい社会学のあゆみ』　有斐閣
作田啓一・井上俊 編　『命題コレクション 社会学』　筑摩書房
塩原勉 他 編　『社会学の基礎知識』　有斐閣
新明正道・鈴木幸壽 監修　『現代社会学のエッセンス』　ぺりかん社
盛山和夫 他 著　『社会調査法』　放送大学教育振興会
竹内郁郎 他 編著　『メディア・コミュニケーション論』　北樹出版
田崎篤郎・児島和人 編著　『マス・コミュニケーション効果研究の展開［新版］』　北樹出版
永田靖 著　『統計的方法のしくみ』　日科技連出版社
日本社会学会編集委員会 編　『現代社会学入門』　有斐閣
藤井剛 著　『詳説政治・経済研究』　山川出版社
古畑和孝 編　『社会心理学小辞典』　有斐閣
福武直・濱島朗 編　『社会学［第２版］』　有斐閣
見田宗介 他 編　『社会学事典』　弘文堂
宮島喬 編　『岩波小辞典 社会学』　岩波書店
安田三郎・原純輔 著　『社会調査ハンドブック』　有斐閣
渡辺深 著　『組織社会学』　ミネルヴァ書房

福武直・濱島朗 編　『社会学［第２版］』　有斐閣
見田宗介 他 編　『社会学事典』　弘文堂
宮島喬 編　『岩波小辞典 社会学』　岩波書店
安田三郎・原純輔 著　『社会調査ハンドブック』　有斐閣
渡辺深 著　『組織社会学』　ミネルヴァ書房

本書の内容は、小社より2020年3月に刊行された
「公務員試験 出るとこ過去問 9 社会学」(ISBN：978-4-8132-8751-3)
および2023年3月に刊行された
「公務員試験 出るとこ過去問 9 社会学 新装版」(ISBN：978-4-300-10609-9)
と同一です。

公務員試験　過去問セレクトシリーズ

公務員試験　出るとこ過去問　9　社会学　新装第2版

2020年4月1日　初　版　第1刷発行
2024年4月1日　新装第2版　第1刷発行

編著者　TAC株式会社（出版事業部編集部）
発行者　多田敏男
発行所　TAC株式会社　出版事業部（TAC出版）

〒101-8383
東京都千代田区神田三崎町3-2-18
電話　03（5276）9492（営業）
FAX　03（5276）9674
https://shuppan.tac-school.co.jp/

印　刷　株式会社　光　邦
製　本　株式会社　常川製本

ISBN 978-4-300-11129-1
N.D.C. 317

公務員講座のご案内

大卒レベルの公務員試験に強い!

2022年度 公務員試験

公務員講座生[※1]
最終合格者延べ人数[※2]

5,314名

国家公務員（大卒程度）		計2,797名
地方公務員（大卒程度）		計2,414名
国立大学法人等	大卒レベル試験	61名
独立行政法人	大卒レベル試験	10名
その他公務員		32名

※1 公務員講座生とは公務員試験対策講座において、目標年度に合格するために必要と考えられる、講義、演習、論文対策、面接対策等をパッケージ化したカリキュラムの受講生です。単科講座や公開模試のみの受講生は含まれておりません。
※2 同一の方が複数の試験種に合格している場合は、それぞれの試験種に最終合格者としてカウントしています。（実合格者数は2,843名です。）
＊2023年1月31日時点で、調査にご協力いただいた方の人数です。

全国の公務員試験で1位合格者を輩出!

詳細は公務員講座（地方上級・国家一般職）パンフレットをご覧ください。

2022年度 国家総合職試験

公務員講座生[※1]
最終合格者数 217名

法律区分	41名	経済区分	19名
政治・国際区分	76名	教養区分[※2]	49名
院卒/行政区分	24名	その他区分	8名

※1 公務員講座生とは公務員試験対策講座において、目標年度に合格するために必要と考えられる、講義、演習、論文対策、面接対策等をパッケージ化したカリキュラムの受講生です。単科講座や公開模試のみの受講生は含まれておりません。
※2 上記は2022年度目標の公務員講座最終合格者のほか、2023年度目標公務員講座生の最終合格者40名が含まれています。
＊ 上記は2023年1月31日時点で調査にご協力いただいた方の人数です。

2022年度 外務省専門職試験

最終合格者総数55名のうち
54名がWセミナー講座生[※1]です。

合格者占有率[※2] 98.2%

外交官を目指すなら、実績のWセミナー

※1 Wセミナー講座生とは、公務員試験対策講座において、目標年度に合格するために必要と考えられる、講義、演習、論文対策、面接対策等をパッケージ化したカリキュラムの受講生です。各種オプション講座や公開模試など、単科講座のみの受講生は含まれておりません。また、Wセミナー講座生はそのボリュームから他校の講座生と掛け持ちすることは困難です。
※2 合格者占有率は「Wセミナー講座生（※1）最終合格者数」を、「外務省専門職採用試験の最終合格者総数」で除して算出しています。また、算出した数字の小数点第二位以下を四捨五入して表記しています。
＊ 上記は2022年10月10日時点で調査にご協力いただいた方の人数です。

Wセミナーは TACのブランドです

公務員講座のご案内

無料体験入学のご案内

3つの方法でTACの講義が体験できる!

教室で体験　迫力の生講義に出席

予約不要!　最大3回連続出席OK!

1.　校舎と日時を決めて、当日TACの校舎へ

TACでは各校舎で毎月体験入学の日程を設けています。

2.　オリエンテーションに参加(体験入学1回目)

初回講義「オリエンテーション」にご参加ください。体験入学ご参加の際に個別にご相談をお受けいたします。

3.　講義に出席(体験入学2・3回目)

引き続き、各科目の講義をご受講いただけます。参加者には体験用テキストをプレゼントいたします。

- 最大3回連続無料体験講義の日程はTACホームページと公務員講座パンフレットでご覧いただけます。
- 体験入学はお申込み予定の校舎に限らず、お好きな校舎でご利用いただけます。
- 4回目の講義前までにご入会手続きをしていただければ、カリキュラム通りに受講することができます。

※地方上級・国家一般職、理系(技術職)、警察・消防以外の講座では、最大2回連続体験入学を実施しています。また、心理職・福祉職はTAC動画チャンネルで体験講義を配信しています。
※体験入学1回目や2回目の後でもご入会手続きは可能です。「TACで受講しよう!」と思われたお好きなタイミングで、ご入会いただけます。

ビデオで体験　校舎のビデオブースで体験視聴

TAC各校のビデオブースで、講義を無料でご視聴いただけます。(要予約)

各校のビデオブースでお好きな講義を視聴できます。視聴前日までに視聴する校舎受付までお電話にてご予約をお願い致します。

ビデオブース利用時間 ※日曜日は④の時間帯はありません。

① 9:30 ～ 12:30　② 12:30 ～ 15:30
③ 15:30 ～ 18:30　④ 18:30 ～ 21:30

※受講可能な曜日・時間帯は一部校舎により異なります。
※年末年始・夏期休業・その他特別な休業以外は、通常平日・土日祝祭日にご覧いただけます。
※予約時にご希望日とご希望時間帯を合わせてお申込みください。
※基本講義の中からお好きな科目をご視聴いただけます。(視聴できる科目は時期により異なります)
※TAC提携校での体験視聴につきましては、提携校各校へお問合せください。

Webで体験　スマートフォン・パソコンで講義を体験視聴

TACホームページの「TAC動画チャンネル」で無料体験講義を配信しています。時期に応じて多彩な講義がご覧いただけます。

TACホームページ　https://www.tac-school.co.jp/

※体験講義は教室講義の一部を抜粋したものになります。

TAC出版 書籍のご案内

TAC出版では、資格の学校TAC各講座の定評ある執筆陣による資格試験の参考書をはじめ、資格取得者の開業法や仕事術、実務書、ビジネス書、一般書などを発行しています！

TAC出版の書籍

＊一部書籍は、早稲田経営出版のブランドにて刊行しております。

資格・検定試験の受験対策書籍

- 日商簿記検定
- 建設業経理士
- 全経簿記上級
- 税　理　士
- 公認会計士
- 社会保険労務士
- 中小企業診断士
- 証券アナリスト
- ファイナンシャルプランナー(FP)
- 証券外務員
- 貸金業務取扱主任者
- 不動産鑑定士
- 宅地建物取引士
- 賃貸不動産経営管理士
- マンション管理士
- 管理業務主任者
- 司法書士
- 行政書士
- 司法試験
- 弁理士
- 公務員試験(大卒程度・高卒者)
- 情報処理試験
- 介護福祉士
- ケアマネジャー
- 社会福祉士　ほか

実務書・ビジネス書

- 会計実務、税法、税務、経理
- 総務、労務、人事
- ビジネススキル、マナー、就職、自己啓発
- 資格取得者の開業法、仕事術、営業術
- 翻訳ビジネス書

一般書・エンタメ書

- ファッション
- エッセイ、レシピ
- スポーツ
- 旅行ガイド（おとな旅プレミアム/ハルカナ）
- 翻訳小説

(2021年7月現在)

書籍のご購入は

1 全国の書店、大学生協、ネット書店で

2 TAC各校の書籍コーナーで

資格の学校TACの校舎は全国に展開!
校舎のご確認はホームページにて

資格の学校TAC ホームページ
https://www.tac-school.co.jp

3 TAC出版書籍販売サイトで

CYBER BOOK STORE TAC出版書籍販売サイト

TAC 出版 で 検索

24時間 ご注文 受付中

https://bookstore.tac-school.co.jp/

新刊情報をいち早くチェック!

たっぷり読める立ち読み機能

学習お役立ちの特設ページも充実!

TAC出版書籍販売サイト「サイバーブックストア」では、TAC出版および早稲田経営出版から刊行されている、すべての最新書籍をお取り扱いしています。
また、無料の会員登録をしていただくことで、会員様限定キャンペーンのほか、送料無料サービス、メールマガジン配信サービス、マイページのご利用など、うれしい特典がたくさん受けられます。

サイバーブックストア会員は、特典がいっぱい!(一部抜粋)

通常、1万円(税込)未満のご注文につきましては、送料・手数料として500円(全国一律・税込)頂戴しておりますが、1冊から無料となります。

専用の「マイページ」は、「購入履歴・配送状況の確認」のほか、「ほしいものリスト」や「マイフォルダ」など、便利な機能が満載です。

メールマガジンでは、キャンペーンやおすすめ書籍、新刊情報のほか、「電子ブック版TACNEWS(ダイジェスト版)」をお届けします。

書籍の発売を、販売開始当日にメールにてお知らせします。これなら買い忘れの心配もありません。

公務員試験対策書籍のご案内

TAC出版の公務員試験対策書籍は、独学用、およびスクール学習の副教材として、各商品を取り揃えています。学習の各段階に対応していますので、あなたのステップに応じて、合格に向けてご活用ください!

INPUT

『みんなが欲しかった!
公務員
合格へのはじめの一歩』

A5判フルカラー

- 本気でやさしい入門書
- 公務員の"実際"をわかりやすく紹介したオリエンテーション
- 学習内容がざっくりわかる入門講義

・数的処理(数的推理・判断推理・空間把握・資料解釈)
・法律科目(憲法・民法・行政法)
・経済科目(ミクロ経済学・マクロ経済学)

『みんなが欲しかった!
公務員 教科書&問題集』

A5判

- 教科書と問題集が合体!
でもセパレートできて学習に便利!
- 「教科書」部分はフルカラー!
見やすく、わかりやすく、楽しく学習!

・憲法
・【刊行予定】民法、行政法

『新・まるごと講義生中継』

A5判
TAC公務員講座講師
郷原 豊茂 ほか

- TACのわかりやすい生講義を誌上で!
- 初学者の科目導入に最適!
- 豊富な図表で、理解度アップ!

・郷原豊茂の憲法
・郷原豊茂の民法Ⅰ
・郷原豊茂の民法Ⅱ
・新谷一郎の行政法

『まるごと講義生中継』

A5判
TAC公務員講座講師
渕元 哲 ほか

- TACのわかりやすい生講義を誌上で!
- 初学者の科目導入に最適!

・郷原豊茂の刑法
・渕元哲の政治学
・渕元哲の行政学
・ミクロ経済学
・マクロ経済学
・関野喬のパターンでわかる数的推理
・関野喬のパターンでわかる判断整理
・関野喬のパターンでわかる空間把握・資料解釈

要点まとめ

『一般知識
出るとこチェック』

四六判

- 知識のチェックや直前期の暗記に最適!
- 豊富な図表とチェックテストでスピード学習!

・政治・経済
・思想・文学・芸術
・日本史・世界史
・地理
・数学・物理・化学
・生物・地学

記述式対策

『公務員試験論文答案集
専門記述』

A5判
公務員試験研究会

- 公務員試験(地方上級ほか)の専門記述を攻略するための問題集
- 過去問と新作問題で出題が予想されるテーマを完全網羅!

・憲法〈第2版〉
・行政法

書籍の正誤に関するご確認とお問合せについて

書籍の記載内容に誤りではないかと思われる箇所がございましたら、以下の手順にてご確認とお問合せをしてくださいますよう、お願い申し上げます。
なお、正誤のお問合せ以外の**書籍内容に関する解説および受験指導などは、一切行っておりません。**
そのようなお問合せにつきましては、お答えいたしかねますので、あらかじめご了承ください。

1 「Cyber Book Store」にて正誤表を確認する

TAC出版書籍販売サイト「Cyber Book Store」の
トップページ内「正誤表」コーナーにて、正誤表をご確認ください。

CYBER BOOK STORE TAC出版書籍販売サイト

URL:https://bookstore.tac-school.co.jp/

2 1の正誤表がない、あるいは正誤表に該当箇所の記載がない ⇒ 下記①、②のどちらかの方法で文書にて問合せをする

★ご注意ください★

お電話でのお問合せは、お受けいたしません。
①、②のどちらの方法でも、お問合せの際には、「お名前」とともに、
「対象の書籍名(○級・第○回対策も含む)およびその版数(第○版・○○年度版など)」
「お問合せ該当箇所の頁数と行数」
「誤りと思われる記載」
「正しいとお考えになる記載とその根拠」
を明記してください。
なお、回答までに1週間前後を要する場合もございます。あらかじめご了承ください。

① ウェブページ「Cyber Book Store」内の「お問合せフォーム」より問合せをする

【お問合せフォームアドレス】

https://bookstore.tac-school.co.jp/inquiry/

② メールにより問合せをする

【メール宛先 TAC出版】

syuppan-h@tac-school.co.jp

※土日祝日はお問合せ対応をおこなっておりません。
※正誤のお問合せ対応は、該当書籍の改訂版刊行月末日までといたします。

乱丁・落丁による交換は、該当書籍の改訂版刊行月末日までといたします。なお、書籍の在庫状況等により、お受けできない場合もございます。
また、各種本試験の実施の延期、中止を理由とした本書の返品はお受けいたしません。返金もいたしかねますので、あらかじめご了承くださいますようお願い申し上げます。

TACにおける個人情報の取り扱いについて
■お預かりした個人情報は、TAC(株)で管理させていただき、お問合せへの対応、当社の記録保管にのみ利用いたします。お客様の同意なしに業務委託先以外の第三者に開示、提供することはございません(法令等により開示を求められた場合を除く)。その他、個人情報保護管理者、お預かりした個人情報の開示等及びTAC(株)への個人情報の提供の任意性については、当社ホームページ(https://www.tac-school.co.jp)をご覧いただくか、個人情報に関するお問い合わせ窓口(E-mail:privacy@tac-school.co.jp)までお問合せください。

(2022年7月現在)